KB061437

죔죔
기법

언제 어디서나 간편하게 즉시 활용 가능한
최신 힐링기법

짐짐기법

설기문 지음

Jam Jam
Techniques

학지사

　이 책에서 소개하는 쫌쫌기법의 원리와 방법은 누구나 어디서든 쉽게 활용하고 빠르게 효과를 볼 수 있는 인스턴트 셀프힐링을 위한 것이다. 이 기법은 필자에 의해서 다년간 연구·개발되었을 뿐만 아니라 다양한 교육 및 임상현장에서 적용하는 가운데 경험적으로 그 효과가 검증되었다. 그럼에도 이 기법은 결코 심리치료나 의학적 치료 또는 처치를 대신하고자 하는 것은 아님을 밝힌다. 따라서 심리치료적으로나 의학적으로 심층치료가 필요한 증상이나 문제의 경우에는 반드시 전문가의 진단과 치료적 도움을 받아야 할 것이다.

　쫌쫌기법은 기본적으로 우리가 일상생활에서 경험할 수 있는 스트레스나 그와 관련된 불편한 심신의 상태 또는 신체적 통증과 같은 것으로부터 벗어날 수 있도록 하기 위한 것이다. 그리고 실제로 이 기법은 그러한 문제나 고통을 제거하거나 개선·완화시키는 데 효과가 크다. 하지만 이 기법은 만병통치약이 아니며 모든 심신의 고통이나 문제들에 대해서 근본적인 치료를 하기 위한 것이 아니다. 다만 스트레스나 그와 관련한 심신의 고통과 불편함에서 보다 빠르고 쉽게 벗어나서 좀 더 편안한 마음으로 일상생활이나 업무에 임할 수 있도록 돕고자 하는 데 이 기법의 목적이 있다는 점을 알아주기 바란다.

그러므로 쫌쫌기법을 통하여 통증이 사라졌다고 해서 반드시 그 문제가 치료되었다는 것을 의미하는 것은 아닐 수도 있으므로 치료에 대한 문제는 반드시 별도로 전문가를 찾아서 의논하거나 치료적 처리를 하기 바란다.

쫌쫌기법은 심신의 이완을 촉진하면서 잠재의식을 자극하거나 잠재의식의 활동을 촉진할 수 있다. 그렇기 때문에 쫌쫌기법을 시행하다 보면 멍해질 수도 있고 심신의 이완과 함께 편안하거나 나른한 느낌을 가질 수도 있다. 아울러 평소에는 인식하지 못하거나 의식되지 않았던 심층의 문제나 과거의 트라우마 기억이 올라올 수도 있다. 물론 이때는 그러한 문제나 기억을 중심으로 쫌쫌기법을 시행할 수도 있을 것이다. 하지만 문제를 혼자서 처리하기 어렵다면 쫌쫌기법을 멈추고 전문가를 찾아서 의논을 하거나 상담을 받아보기를 권한다.

마지막으로 본문에서 일일이 설명하지 않았거나, 설명을 했다고 하더라도 좀 더 강조하고 싶은 내용과 관련해서는 제4부에 해당하는 Q&A란에서 상세히 설명하였다. 따라서 본문을 읽는 가운데 또는 쫌쫌기법을 사용하는 가운데 의문이 들거나 좀 더 깊은 이해를 원하는 독자들은 Q&A를 활용하기 바란다.

　우리는 누구나 건강하고 행복하게 살기를 바라고 그러한 삶을 추구한다. 하지만 그러한 소망과는 별도로 우리는 스트레스가 만연한 시대에 살고 있다. 군이 다양한 학술 연구 결과들을 인용하지 않더라도 우리는 과거 그 어느 때보다 스트레스를 많이 경험하고 있음을 느끼고 있다. 우리는 때때로 스트레스 그 자체 때문에 힘들어할 수 있지만 그 스트레스로 인한 심신의 고통과 후유증에 시달리기도 한다. 이러한 스트레스는 우리 삶의 질을 떨어뜨릴 뿐 아니라 만병의 근원으로 작용하고 있다.

　한편, 앞서 말했던 스트레스와는 별도로, 누구나 살아가면서 이런저런 이유로 심신의 불편함과 고통을 겪기도 한다. 우리가 겪는 심리적 어려움 중에는 각종 불안, 두려움, 공포의 문제와 함께 우울, 슬픔, 외로움, 분노, 죄책감과 같은 부정적 정서나 감정들이 있으며 이들은 모두 우리의 일상에 고통으로 작용한다.

　뿐만 아니라 과거에 경험했던 충격이나 공포 경험과 같은 트라우마로 인해서 현재 생활에서도 지속적으로 고통이나 부정적인 영향을 받기도 한다. 그리고 그 영향 때문에 가벼운 두통이나 불면증과 같은 증상을 비롯하여 다양한 신체적 고통이나 후유증을 경험하는 경우도 많다. 실제로 신체적인 고통들 중 많은 것은 스트레스나 심리적인 문제 때문에 생기기에 신체적인 원인이 드러나지 않아 힘들어하는 경우가 허다하다. 흔히 신경성 또는 스트레스성이라고 불리는 증상들이 그러한 경우라고 할 수 있다.

필자는 상담심리 및 심리치료 전문가로서 오랫동안 다양한 상담 이론과 치료기법들을 공부하고 가르쳐 왔다. 그런 가운데 특히 제도권 학문에서 다루어지지 않던 최면과 NLP와 같은 분야를 공부하면서 빠른 시간 내에 이루어지는 효과적인 변화와 힐링에 대해서 알게 되었고 EFT(Emotional Freedom Techniques)나 EMDR(Eye Movement Desensitization and Reprocessing)과 같은 독특한 대안치유기법들도 접하고 익혔다. 그리고 그러한 치료기법들을 활용하여 스트레스 문제와 트라우마로 고통을 겪는 수많은 사람들을 상담/치료/코칭해 왔다.

이 책에서 소개하는 쬠쬠기법은 필자의 오랜 임상경험에 바탕하여 개발된 것이다. 필자는 그동안의 공부와 임상경험을 통하여 보다 효과적이라고 생각되는 간단하고 단순한 힐링의 원리와 기법들을 창조적으로 통합해 보았다. 그리고 상담 장면에서뿐만 아니라 힐링과 관련한 강의를 할 때도 활용해 보았다. 그 결과 이 기법이 아주 빠른 시간에 큰 효과를 발휘한다는 사실과 많은 사람이 이 기법의 단순성과 효과성에 놀라면서 일상생활에서 활용하는 것을 수없이 보아 왔다. 그렇게 하는 동안에 이 기법을 세상에 좀 더 널리 알려야겠다는 생각을 하게 되었다.

결과적으로 이 책은 필자의 임상경험에서 밝혀진 효과를 보다 많은 사람에게 알리고 누구나 쉽게 익힐 수 있는 원리와 방법을 소개하기 위하여 제작되었다. 사람들은 몸이 아프거나 불편할 때 반드시 병원에 가지 않아도 언제나 손쉽게 사용할 수 있는 응급약이나 응급장비를 가정에 비치하기 마련이다. 쫌쫌기법은 그러한 응급약 또는 응급장비에 해당한다. 사실 응급약을 사용하는 데는 전문지식을 필요로 하지 않는다. 그것은 누구나 쉽고 간단하게 사용할 수 있기 때문이다. 여기에 소개하는 쫌쫌기법 또한 누구나 쉽고 간단하게 사용할 수 있도록 개발된 것이다. 그래서 셀프 쫌쫌기법이라고 할 수 있다.

이 책은 쫌쫌기법의 원리와 방법을 상세하게 소개하였다. 구체적으로 이 책의 내용은 4부로 구성되어 있다. 제1부에서는 실제의 사례를 소개하고 있으며, 제2부는 기법편으로 기법에 대한 소개와 설명을 하고 있다. 그리고 제3부는 이론편으로 쫌쫌기법의 원리와 함께 이 기법이 효과를 발휘하게 되는 이론적 근거에 해당하는 내용을 담고 있다. 그리고 마지막 제4부에는 쫌쫌기법과 관련하여 독자들이 궁금해할 수 있는 내용을 중심으로 한 Q&A를 다루고 있다.

이러한 특성으로 독자들은 쫌쫌기법의 이론적인 원리와 함께 기법을 공부하여 활용하면 좋겠지만 필요에 따라 이론을 생략하고 기법만 익혀도 무방하다. 쫌쫌기법이 작용하고 효과를 발휘하는 이론적 근거나 원리에 대해서 관심이 있고 궁금한 독자들은 이론편을 읽어봐도 좋겠지만, 반드시 그런 이론을 알아야 하는 것은 아니기에 기법편만 읽어도 좋을 것이다. 하지만 궁극적으로는 이론이나 원리를 앎으로써 힐링의 효과에 대해 더욱 신뢰할 수 있을 것이라고 생각하므로 이론편도 같이 읽어보기를 권하는 바다.

아울러 이 책이나 쬠쬠기법을 통하여 모든 병이나 고통에서 벗어날 수 있는 것은 아니다. 다시 말해서, 여기서 소개하는 기법은 어디까지나 셀프힐링을 위한 즉석의 간이기법으로서 누구나 쉽게 사용하고 효과를 볼 수 있도록 하고자 하는 목적으로 개발되었다. 따라서 이 기법이 모든 치료를 대신할 수 있는 것은 아니라는 점을 분명히 이해하기 바란다.

이 책에서는 경우에 따라 쬠쬠기법의 효과를 강조하기 위해서 반복적으로 효과성에 대해서 소개했지만 그렇다고 해서 이 기법 자체가 만병통치약이 아닐 뿐만 아니라 이 기법을 통하여 도움을 받았다고 하더라도 보다 근본적이고 심층적인 치료를 위해서는 심리상담/심리치료전문가나 전문의의 도움을 받을 필요가 있다는 점을 분명히 밝히는 바다. 그런 점에서 독자 여러분들의 오해가 없기를 바란다.

궁극적으로 건강과 힐링에 대해서는 누구도 책임질 수 없고 각자가 판단하고 결정해야 하는 자신의 책임이라는 점을 이해하고 문제가 심각할 시에는 반드시 전문가의 조언과 도움을 받기를 권하는 바다.

그동안 쬠쬠기법을 통하여 도움을 받은 사람들이 필자 주변에는 너무도 많다. 필자의 강의를 들었던 제자들, 특강을 들었던 단체나 기관의 직원들, 그리고 수강생들, 또한 필자에게 상담과 심리치료를 받았던 내담자들⋯. 모두에게 감사를 드린다. 그분들이 이 기법을 사용하고 변화된 모습을 보여 주고 이 기법의 우수성과 효과성에 대해서 확인을 해 주었기에 이 기법을 세상에 더 널리 알리고자 하는 용기를 가질 수 있게 되었다.

참고로 이 책에서 소개되는 쫌쫌기법의 내용은 이미 일부 TV 프로그램에서도 소개하였고 인터넷 유튜브를 통해서도 공개하였다. 따라서 TV나 인터넷을 통하여 이 기법을 이미 접한 분들도 있을 것이다. 그러므로 이 책의 내용 이상으로 필자의 강의나 시범을 접하고 싶은 분들은 이미 방송된 TV 프로그램이나 검색어 '쫌쫌기법'을 통한 유튜브 동영상을 활용한다면 더욱 큰 도움이 될 것이라고 확신한다.

아무쪼록 이 책이 널리 우리 국민들의 스트레스 해소와 힐링, 그리고 건강하고 행복한 생활에 일조하기를 바라며 독자들의 성원을 기대한다.

2016. 4.
저자 설기문

| 차 례 |

Part 1 일상의 스트레스 해소를 위하여

Part 2 기법편

Part 1

일상의 스트레스 해소를 위하여

여기에서는 우리가 생활 속에서 경험하는 스트레스 상황과 그 스트레스를 극복하거나 해소하는 방법에 대해서 소개하였다. 특히 제2장과 제3장에서는 등장인물들이 일상의 다양한 스트레스를 찜찜기법을 통하여 어떻게 해소해 나가는지 그 구체적인 과정과 절차를 소설의 형식으로 소개하였다. 이러한 예들을 통하여 독자들은 찜찜기법의 효과를 알게 될 것이며 동시에 찜찜기법의 방법을 자연스레 배우고 익힐 수 있을 것이다.

01 산으로 바다로

땀을 뻘뻘 흘리면서 오르는 것이 산이다. 한두 번 오르는 산도 아니고 산을 오를 때마다 육체적으로는 힘이 든다는 것을 알지만 그래도 정상을 오를 때마다 산에 오기를 정말 잘했다고 느끼는 것은 김정섭 씨의 경우만은 아닐 것이다. 그는 50대 초반의 대기업 부장으로 회사에서는 나름대로 중책을 맡고 있다. 그렇다 보니 자연스레 업무와 관련한 스트레스를 많이 받고 있다. 그러나 매주 오르는 산이 그에게 있어서는 유일하게 스트레스를 해소하는 방법이라고 할 수 있다. 그래서 아무리 힘이 들고 바빠도 꼭 산을 찾게 된다.

그에게 있어서 등산의 백미는 역시 정상에 오르는 것이다. 산꼭대기에서 세상을 바라보는 그 기분은 어디 비할 데가 없다고 느낀다. 모든 것이 아래로 내려다보이는 꼭대기에 서면 온갖 시름이 사라지는 것을 느낀다. 저 멀리 아득하게 보이는 산과 들, 그리고 강의 모습이 마치 지나온 자신의 인생길처럼 느껴지기도 하지만 오히려 평화롭게 다가온다.

사실 한때 승승장구하면서 잘 나가던 부친의 회사가 부도나면서 갑작스럽게 뒤바뀐 집안 형편으로 인해 힘겹게 살았던 어린 시절, 알바를 하면서 근근이 대학 공부를 마쳤던 젊은 시절, 그 후에 몇 번의 실패를 거듭한 끝에 지금의 회사에 입사하여 어려운 경쟁들을 뚫고 지금의 자리에 오기까지 겪었던 힘겨웠던 지난 일들이 산 꼭대기에 서서 앞으로 펼쳐진 하늘과 멀리 보이는 산과 들을 바라볼 때면 마치 주마등처럼 스쳐 지나가는 동안에 어느새 까마득한 옛날 일이나 꿈속의 일처럼 느껴지게 된다.

산을 오르느라 몸을 적셨던 땀도 시원하게 불어오는 산바람을 맞으면서 식는 동안에 가슴엔 한가득 산의 기운을 마시게 된다. 폐 깊숙이 숨을 들이마시고 내쉬는 심호흡을 하면서 그는 자신의 묵

은 때를 벗겨내고 새로운 기운을 마시는 기분을 느낀다. 머리 위쪽에서 시작되지만 눈앞으로 펼쳐지는 하늘을 바라볼 때면 눈이 시리면서 마치 엄마 품에 안긴 것 같은 평화로움과 안락감을 느끼게 된다. 순간적으로 마음은 아득히 어린 시절로 돌아가는 기분을 느끼게 되면서.

한편 저 아래로 보이는 여기저기 흩어진 대단위 아파트 단지와 그 속으로 펼쳐진 수많은 아파트들은 마치 성냥갑처럼 느껴진다. 길게 뻗은 고속도로와 구불구불한 국도, 그리고 도시의 도로들은 마치 실과 같이 이어진다. 그 위로는 개미처럼 작은 까만 점들이 줄을 서서 기어가고 있는 자동차들의 모습이 보인다. 그러한 장면들을 물끄러미 바라보고 있노라면 잠시 자신을 잊기도 한다. 그리고 그동안 마음속에서 자신을 힘들게 했던 이런저런 문제나 고민들이 한낱 부질없는 먼지와 같이 느껴지기도 한다.

그때 주변에서는 사람들의 웅성거리거나 떠드는 소리가 들린다. 그리고 여기저기서 지저귀는 새소리도 들린다. 그런 소리들을 들으면서 다시 한 번 천하를 내려다보면 모든 시름을 다 잊게 된다. 그래서 마음은 더욱 편안해진다.

김 부장은 바로 이런 느낌과 경험 때문에 일요일마다 산을 찾지만 가끔은 너무 바빠서 산을 오르지 못할 때도 있다. 그럴 때면 일주일의 스트레스를 풀지 못한 상태에서 다시 새로운 일주일을 맞기 때문에 회사일이 더 벅차고 힘들게 느껴졌다. 이러한 경우를 여러 번 경험했기 때문에 그로서는 웬만하면 만사를 제치고 산을 찾는 것이 일상이 되었다.

그날따라 바다는 더없이 파랬다. 구름이 약간 있긴 했지만 평화롭게 보였다. 그 하늘과 바다가 맞닿은 수평선! 그래서 더욱 좌우로 끝없이 펼쳐진 그 수평선을 바라보고 있노라면 세상 모든 근심, 걱정, 시름이 사라지는 느낌을 받곤 한다. 수평선을 바라보고 있는 동안에도 시야에 들어오는 잔잔한 물결들이 비춰 주는 반짝임은 마음속의 평화를 일깨우는 것 같다. 여기저기 떠다니는 고깃배들의 움직임은 또한 살아 있는 에너지를 느끼게 해 준다.

그 순간 마치 기지개를 켜듯이 두 팔을 하늘 위로 쭉 뻗어올리면서 심호흡을 해 본다. 맑은 하늘과 푸른 바다의 기운을 온 가슴으로 빨아들여본다. 그렇게 심호흡을 할 때 가슴이 한없이 커지고 넓어짐을 느낀다. 그리고 짠 바다 내음이 코 안 가득히 느껴진다. 그리고 다시 폐 안의 모든 공기를 내뿜듯이 긴 숨을 내쉰다. 그렇게 몇 번 심호흡을 하는 동안에 싱그러운 바닷바람이 뺨을 스치고 지나는 느낌, 그래서 머리카락이 날리는 느낌, 때로는 온몸을 감는 듯한 느낌을 느끼게 된다. 그 모든 것이 평화롭고 기분 좋게 느껴진다.

물소리, 바람소리, 그리고 여기저기 자유롭게 날아다니면서 내는 갈매기의 울음소리…. 이 모든 소리들도 한없이 정겹고 평화롭다. 따스한 햇볕과 함께 바닷가에 서 있노라면 저절로 심호흡을 하게 된다. 평소에는 그렇게 잘 하지 않지만 바닷가에서 저절로 이렇게 길게 마시고 길게 내쉬는 심호흡을 하는 동안에 이상하게 몸도

마음도 모두 더 편안해짐을 느낀다.

그렇게 함으로써 지금까지 마음을 짓누르던 스트레스가 사라지는 것 같고 머리를 떠나지 않던 복잡한 생각이나 걱정거리들이 없어지는 것 같다. 아니, 실제로 사라지고 없어지는 것을 느낄 수 있다. 그냥 머리가 텅~ 비고 가슴이 뻥~ 뚫리는 것 같은 시원함과 가벼움, 그리고 홀가분함….

저 멀리 펼쳐진 수평선을 바라보노라면 어느새 마음은 동심으로 돌아가서 아무 걱정없이 마냥 행복했던 어린 시절의 모습이 떠오르고, 수평선에 한가로이 떠 있는 큰 배를 바라보노라면 최근 며칠 사이에 가정에서나 직장에서의 힘든 일들이 남의 일처럼 때로는 다른 세상의 일처럼 느껴지기도 한다.

50대 초반의 경진 씨는 바로 이런 맛에 가끔 바닷가로 드라이브를 나간다. 그녀는 이렇게 바닷가에서 단 10분만이라도 멍 하니 서 있거나 산책이라도 하면 마음이 한결 편안해지는 기분을 느낀다. 그럴 때 가끔 생각해 본다. 왜 그럴까? 뚜렷한 이유는 구체적으로 몰라도 어쨌든 그녀로서는 바로 이런 느낌과 기분 때문에 바다를 찾는다.

　물론 그녀는 때때로 여유 시간이 생기면 일부러라도 친구들과 함께 두어 시간 드라이브를 겸해서 바닷가로 나오곤 한다. 친구들과 수다를 떨고 회를 비롯한 해산물도 맛있게 먹고 집으로 돌아오면 그동안의 스트레스가 다 풀릴 뿐만 아니라 새로운 활력을 얻은 느낌을 느끼면서 활기찬 일상으로 돌아가곤 한다.

＊ ＊ ＊　　　　　＊ ＊ ＊

　산과 바다, 바다와 산은 자연의 일부로서도 가치가 있지만 우리에게 스트레스를 해소할 수 있는 좋은 장소가 된다는 의미에서도 큰 가치를 지닌다. 그래서 산과 바다는 날씨가 좋을 때면 늘 사람들로 붐비는 것이 아닐까 생각된다.

　독자 여러분도 산이나 바다에서 좋았던 경험이나 추억들이 많을 것이다. 최근에 가보았던 산꼭대기나 바다 풍경을 생각해 보자. 구체적으로 언제, 어느 곳이었으며 누구와 함께 갔었는지를 생각하면서 그때의 느낌을 떠올려보자. 그러한 회상이나 기억 자체로도 기분이 좋아지고 행복해지지 않은가?

02 생활 속의 스트레스

모처럼 옛 친구들을 만나는 것은 즐거운 일이다. 특히 나이를 먹고 사회생활을 하다가 학창시절의 친구들을 만나는 것은 더더욱 즐겁고 재미있기 마련이다.

며칠간 계속해서 흐리고 비조차 오락가락하던 날씨가 그날따라 아침부터 하늘이 활짝 개고 맑았다. 그래서 아침 식사와 설거지를 끝낸 은미 씨는 날씨 때문에 괜히 기분이 들뜨는 것을 느꼈다. 그런데 생각해 보니 그날이 목련회 모임 날이었다.

은미 씨를 비롯하여 여고 때 친하게 지내던 4명의 친구들이 나이 40이 되던 해 어느 봄날, 음식 잘 한다는 어느 한식당에서 여고 졸업한 후에 처음으로 함께 만났다. 그날 식당 앞마당에는 하얀 목련꽃들이 너무도 예쁘게 피었기에 처음으로 목련꽃과 함께 만났던

첫 모임의 추억을 잊지 말자고 정한 이름이 목련회였다. 은미 씨는 그런 목련회의 늘 화기애애하고 가족 같은 분위기가 좋아서 즐거운 마음으로 참여하곤 하였다.

하지만 혜선이란 친구로부터 목련회 모임 자리에서 자존심 상하는 말을 들었던 이후로는 괜히 그 모임에 나가는 것이 불편한 느낌이 들어 더 이상 모임에 가고 싶지 않은 마음도 들었다. 그러나 지금까지는 친구들이 너무 좋은 나머지 그들을 보고 참석을 해 왔기에 그날도 가겠다고 마음은 먹었지만 혜선을 생각하면 화도 나고 서운하기도 하면서 모임에 가는 것 자체가 스트레스가 되었다. 그래서 모임에 가기 위해 집을 나설 때부터 크게 고민을 하였다.

은미 씨는 모임 장소로 가까이 가면서 그날따라 불편함과 스트레스가 더욱 커지는 것을 느꼈다. 그래서 몇 번이나 갈까 말까를 망설였다. 그러다가 문득 한 TV 프로그램에서 심리전문가가 소개했던 즉석 스트레스 해소법이 떠올랐다. 그래서 주변 사람의 눈길이 닿지 않는 곳을 찾아가 편하게 자리를 잡았다.

은미 씨는 그 자리에서 그때 TV에서 봤던 내용을 기억하려 애쓰는 가운데 가장 인상적이었던 어린 아기처럼 두 손을 쥐었다 폈다 하면서 쥠쥠 하는 손동작을 떠올려 보았다. 당시에는 어른이 그런 손동작을 하면서 무엇이라고 중얼거리는 것이 유치해 보이긴 했지만 스트레스 해소에는 워낙 효과가 좋다는 말을 들었던 기억이 났다. 은미 씨는 그 당시에는 과연 그럴 수도 있을까라고 의심을 했었지만 지금은 좀 다급한 상황이어서 어쨌든 기억나는 대로 해 보기로 하였다.

우선 두 손을 눈높이에 들고 두 눈의 좌우로 어깨넓이보다 약간 더 넓은 폭으로 벌렸다. 그리고 두 손을 쥠쥠 하면서 주먹을 쥐었다 펴기를 반복해 보았다. 그와 동시에 시선은 정면을 향한 채 쥠쥠 하는 두 손동작을 동시에 보도록 하였다. 처음에는 어색했지만 양쪽으로 벌어진 두 손동작이 동시에 보이는 것이 신기하게 느껴졌다. 그 순간 좀 우습기는 했지만 주변에 보는 사람들이 없기에 안심을 하고 "친구 혜선이가 서운하다."라고 중얼거리듯이 말해 보았다. 그렇게 30초 정도를 반복해 보았다.

　그런데 이상하게 머리가 맑아지는 느낌이 들었다. 그래서 잠시 멈추었다. 조금 전까지 머리가 무겁고 아팠던 것이 생각났다. 계속 혜선이 생각 때문에 스트레스를 받아서라고 생각이 되었다. 그런데 뜻밖에 지금은 머리가 맑아지는 기분이 드니 신기하였다. 그래서 이번에는 다시 쥠쥠 동작을 하고 그 두 손을 좌우로 보면서 "혜

선이 때문에 자존심이 상한다."라고 중얼거렸다.

역시 30여 초쯤 지났을 때 처음보다 마음이 더욱 편안해짐을 느낄 수 있었다. 더 이상 자존심이 상하는 기분이 들지 않았고 혜선이에 대한 서운한 마음도 들지 않았다. 뿐만 아니라 왠지 머리가 맑아지는 느낌과 함께 기분도 좋아지는 것 같았다. 그래서 신기한 기분이 또 들었다. 혹시나 하는 마음으로 이번에는 또다시 같은 동작과 시선을 반복하면서 "예전에 혜선이가 했던 말 때문에 모임에 가는 것이 불편하다."라고 하면서 중얼거려 보았다.

놀라운 일이 벌어졌다. 얼마 후에 은미 씨는 정말로 홀가분하고 더 이상 혜선이와 목련회 모임에 참석하는 것에 대한 불편한 마음이 사라졌을 뿐만 아니라 이제는 혜선이를 포함한 친구들을 빨리 보고 싶은 마음이 솟아오름을 느낄 수 있었다. 그래서 그녀는 정말로 신기한 기분을 느끼며 모임장소로 걸음을 재촉하였다.

모처럼 만난 친구들은 수다를 꽃피웠다. 세 달마다 만나는 친구들이지만 몇 년 만에 만난 사람들처럼 반갑고 들뜬 모습이었다. 식사를 마치고 차를 한 잔씩 나누는 동안에 혜선이가 은미 씨에게 다

음과 같이 말했다.

"은미야, 너 오늘따라 예전과 달리 아주 밝고 좋아. 어느 때보다 얘기도 많이 하고 잘하네? 언제부턴지 모르겠지만 넌 우리 모임에서 좀 새침했잖아. 그래서 나는 혹시나 네가 '나나 우리 모임에 불만이라도 있나'라는 생각까지도 했었어…. 다른 애들도 그런 느낌을 받았던 것 같아. 그래서 솔직히 우리끼리 너에 대해서 잠시 얘기를 나누기도 했었어. 그런데 생각해 보니 딱히 그럴 만한 일도 없었던 것 같기에 그냥 '네가 컨디션이 안 좋아서 그런가보다'라고만 생각했었지. 그런데 오늘 너 보니까 어느 때보다도 밝고 얘기도 잘해서 좋아. 체증이 다 내려가는 것 같아. 아무튼 고마워. 밝은 모습을 보여 줘서 말이야."

그 말을 들은 은미 씨는 괜히 미안했다. 그래서 사실대로 고백하기로 하였다.

"혜선아, 사실은 그게 아니야…. 내가 오히려 미안해. 내가 너에게 좀 오해를 하긴 했어. 별것은 아니지만…. 그런데 이젠 괜찮아. 걱정마. 오히려 신경 쓰게 해서 미안하고 또 걱정해 줘서 고마워."

집으로 돌아온 은미 씨는 그날 있었던 일에 대해서 여러 가지로 생각을 해 보았다. 그리고 쬠쬠 하는 동작을 통해서 그동안 마음에 짐으로 가지고 있던 스트레스에서 벗어난 것은 물론이고 친구들

간의 더 깊은 우정을 확인한 것 같아서 행복하였다.

그날 밤, 은미 씨는 남편에게 그날 있었던 일에 대해서 말해 주었다. 남편이 놀라는 것은 당연하였다. 그리고 자신도 그 방법을 배우고 싶다며 가르쳐 달라고 졸랐다. 그래서 남편에게 혹시 요즘 스트레스 받는 것이 있는지를 물어보았다. 남편은 당연히 있다고 하면서 회사 일에 대해서 말해 주었다.

남편 윤성한 씨는 어느 주식회사에서 인사부장으로 일을 하고 있다. 그는 대학을 졸업한 후에 첫 직장 생활을 할 때 은미 씨를 처음 만났고 몇 년 후에 결혼을 하였다. 그는 결혼 직후에 현재의 직장으로 자리를 옮겨서 능력을 인정받아 몇 년 전부터 인사부장의 직책을 맡아서 열심히 책임을 다하고 있다.

현재 윤 부장은 40대 중반의 나이로, 지금의 자리까지 오느라 많은 역경을 겪었다. 또한 그는 중책을 맡은 업무와 관련하여 스트레스도 많이 받아 왔다. 그의 가장 큰 스트레스는 직원들의 승진이나 인사이동과 관련한 일에서 생긴다. 당연한 이야기겠지만 개인적으로는 잘 알고 심지어 친한 직원의 일이라고 하더라도 인사업무에 있어서는 공적인 기준과 절차를 따르기 마련이다. 그런데 그로서는 개인적인 부탁을 하거나 불만을 토로하는 직원들과의 관계에서 사적으로는 이해하지만 공적으로는 입장이 난처할 때도 있고 또 때로는 그러한 일로 상사에게 질책을 받는 상황도 생기기 때문에 그때마다 힘들어하곤 하였다.

최근에도 윤 부장은 고등학교 동문이라는 이유로 평소에 잘 따르면서 사석에서는 "형님"이라고 부르며 친하게 지내던 후배가 승

진에서 탈락했다는 이유로 주변에 불평을 하고 다닌다는 소문을 듣게 되었다. 하지만 그는 그 정도까지는 가끔 있는 일이었기에 이해하고 넘어가기로 하였다. 그런데 어느 날 그는 한 동문 친구를 통해 그 후배가 동문회에까지 악소문을 퍼뜨린다는 이야기를 듣게 되었다. 그래서 무척 화가 났고 속이 상했다.

그 후배가 비록 개인적으로는 윤 부장과 가깝고 친하다 하더라도 회사의 기준에는 미달했기 때문에 승진에서 탈락했다. 그래서 윤 부장은 후배에게 술을 사 주면서까지 그런 이야기를 해 주었다. 그리고 앞으로 조금 더 노력하여 능력을 쌓으면 다음 기회에 얼마든지 승진할 수 있는 기회를 가질 수 있을 것이니 힘내라고 격려도 해 주었다. 그런데 돌아온 것은 오히려 후배인 자기를 선배로서 챙겨 주지 않았다고 원망하고 욕하는 악소문뿐이었다.

사실 윤 부장으로서는 몇 년 전, 부장 초임시절에는 자신의 업무가 재미있었다. 하지만 시간이 갈수록 점점 스트레스로 다가왔다. 그리고 최근에 후배와 관련한 일이 생기면서 회사 업무뿐만 아니라 인간관계 자체에 대해서도 회의가 생기고 우울해졌다. 물론 그 전에도 비슷한 일들이 있었고 그때도 힘이 들었던 것이 사실이다. 하지만 그때는 힘든 가운데서도 결국에는 일을 잘 마무리하곤 하였다. 그러나 이번 경우에는 개인적으로 가까웠던 후배와 관련한 일이었기에 상처와 후유증도 더 컸던 것 같다.

남편의 사정을 아는 은미 씨는 남편에게 회사와 관련한 지금의 심정이 어떤지에 대해서 물었다. 이에 대해 남편은 현실적으로는 그렇게 할 수 없다는 것을 알지만 심정적으로는 "회사를 그만 두고 싶다."는 대답까지 하였다. 그만큼 일 자체가 부담스럽고 회사에 출근하는 것도 힘들게 느껴진다고 대답하였다. 그래서 은미 씨는 대략 짐작은 했지만 그 정도로 힘들어하는 줄은 몰랐다고 하면서 왜 진작 그런 마음을 말하지 않았냐고 물었다. 남편은 괜히 아내를 힘들게 할 것 같아서 혼자서 삭였다고 하였다. 하지만 오늘 아내의 목련회 모임과 관련한 이야기를 들으면서 아내로부터 도움을 받고 싶은 마음이 생겼다고 하였다.

은미 씨는 남편에게 "미안하기도 하고 고맙기도 하다."고 하면서 자신이 도움이 될 수 있을 것 같다고 하였다. 그렇게 하면서 자신이 실험해 봤던 쥠쥠 손동작과 시선처리에 대해서 구체적으로 설명을 해 주었다. 그리고 은미 씨가 보기에 현재 남편의 스트레스 중 가장 큰 것이 바로 회사에 다니는 것 자체에 대해서 부담을 느끼는 것 같다는 생각이 들어 일단은 "회사를 그만 두고 싶다."는 것부터 시작하자고 제안하였다. 그리고 남편에게 두 손을 눈높이로 들고 좌우로 어깨 넓이 이상으로 펴도록 하였다. 그리고 쥠쥠을 해 보게 하고 눈을 정면으로 향하되 좌우의 쥠쥠 동작이 동시에 보이도록 주변 시야를 확보하라고 말해 주었다. 그리고 연습으로 주변 시야 상태에서 쥠쥠을 해 보도록 하였다. 그리고 본격적으로 전체 동작을 하게 하였다.

남편은 아내가 시키는 대로 주변 시야를 확보한 상태에서 쥠쥠 동작과 함께 "나는 회사를 그만두고 싶다."라는 말을 계속 반복하였다. 은미 씨는 남편이 하는 동작을 조용히 지켜보았다. 그리고 10초 정도가 지날 즈음에 중단시키고 기분이 좀 어떤지 남편에게 물어보았다. 남편은 별 느낌이 없고 잘 모르겠다고 대답하였다. 이에 은미 씨는 그렇다면 좀 더 계속 해 보자고 하면서 다시 동작을 하도록 시켰다. 남편은 다시 반복하였고 이번에는 20초쯤 지났을 때 아내가 중단시켰다. 그리고 남편에게 다시 기분이 어떤지를 물어보았다. 이에 남편은 "그냥 그렇게 생각해서 그런지 모르겠지만 멍~ 해지는 느낌이 드는데 제대로 한 것인지 모르겠다."고 대답하였다.

이에 은미 씨는 자기도 그랬다면서 그것은 왜 그런지 이유를 잘 모르겠다고 하였다. 그리고 마음 상태는 어떤지 다시 물었다. 남편은 "멍한 느낌이 들어 잘 모르겠지만 왠지 마음이 조금 가벼워지는 것 같은데 이것 또한 맞나 싶다."고 대답하였다. 은미 씨는 좋다고 하면서 남편에게 또다시 같은 동작을 반복해 보도록 하였다. 그리고 은미 씨가 다시 결과를 확인했을 때 남편은 신기하게도 "회사를 그만 두고 싶고 가기 싫다는 마음은 완전히 사라진 것 같다."고 대답하였다. 또한 그는 이상하게 전반적으로 "회사에 대한 마음도 편해진 것 같다."는 대답도 하였다.

은미 씨는 자기가 남편에게 시킨 것이 효과가 있다고 생각되어 괜히 기분이 좋아졌다. 그리고 이번에는 남편에게 후배에 대한 마음이 어떤지를 물어보았다. 남편은 후배에 대해서 섭섭하다고 대답하였다. 그래서 이번에는 그 섭섭한 마음과 관련하여서 쬠쬠을 해 보기로 하고 남편에게 "나는 후배가 섭섭하다."고 말하도록 하였다. 남편은 앞에서 했던 방식대로 반복하였다. "나는 후배가 섭섭하다." 그렇게 반복하는 동안에 남편의 입에서는 "나는 후배가 밉고 싫다."는 말까지 나왔다. 그래도 은미 씨는 오히려 "후배가 밉고 싫다."고 한 말이 남편에게는 더 진심이겠다 싶어서 그대로 듣고 있었다. 30초 정도를 반복하던 남편은 갑자기 중단을 하였다. 그리고 "이상하네…. 후배에 대한 마음이 사라진 것 같다."고 말했다. "솔직히 조금 전까지만 해도 후배를 생각하면 가슴이 답답하고 심지어는 심장이 두근거리는 것까지 느낄 정도였는데, 이상하게 이젠 후배에 대해서 별 생각도 나지 않고 별 다른 느낌도 들지 않아."라고 말하였다.

"당신 정말이야, 그 말이? 후배에 대해서 생각이 안 난다는 말이 무슨 말이냐고?"

"글쎄, 내가 좀 이상해진 것 같아. 멍~ 하면서 별로 생각이 안나. 내가 좀 멍청해진 것 같아. 나도 잘 모르겠어. 내가 제대로 한 것이 맞아?"

"어쨌든 마음은 편한 것 아니야, 맞아?"

"그럼, 마음도 편하고 머리도 맑아졌어. 그런데 내가 꼭 바보가 된 것 같은 느낌이 들어. 이상하네. 나 이런 적 없었잖아."

"맞아, 효과가 있는 거야…. 나도 오늘 낮에 당신만큼은 아니지만 비슷한 기분을 느꼈어. 그리고 내 친구 혜선이를 봐도 예전 같지가 않더라고. 원래 친했던 그 마음이 되는 거야. 그래서 나도 신기했지. 아마 당신도 그런 것 같아. 나 이해해…. 맞아, 바로 그거야. 여보, 축하해. 당신 이제 괜찮을 거야."

"그래…. 참 신기하네…. 뭐 이런 경우가 다 있어? 솔직히 최근 몇 주간 나 많이 힘들었어. 그 후배 때문에 말이야. 그 친구 생각 때문에 어떨 때는 잠도 잘 못 잤어. 괘씸하기도 하고 속상하기도 하고…. 오죽했으면 요즘에 와서 과음도 하게 되더라고…. 생각하면 화가 나는 거야. 그리고 회사에서 후배를 봐도 오히려 내가 피하게 되더군."

"당신 그 정도였구나. 난 정말로 몰랐네. 당신도 참 미련하다. 그 정도인데도 나에겐 제대로 말도 안 해 주고. 서운하네. 하긴 나에게 얘기를 해도 내가 해 줄 수 있는 것이 없었을 테니⋯. 그래도 나에게 이야기를 하면 속이라도 시원하잖아."

"내가 말했잖아. 당신 속상하게 하고 싶지 않았다고. 그리고 내가 이야기를 하면 내 속이야 시원했겠지만 어차피 해결책이 따로 있는 것도 아니고 당신도 힘들어할 테니 차라리 나 혼자 앓는 것이 낫다고 생각했지. 아무튼 이제 시원하고 가벼워. 당신 덕분인 것 같으니 고맙네."

"아이, 여보⋯. 오히려 내가 고맙지. 내 말을 잘 듣고 따라해 줘서."

"그러나 저러나, 도대체 이 방법이 뭐길래 이렇게 신기해? 이것 진짜야? 내일 되면 다시 도루묵 되는 거 아니야? 지금 일시적으로는 괜찮아진 것 같지만⋯?"

"그것은 나도 몰라. 나도 오늘 처음으로 해 본 것이니까. 어쨌든 신기한 것은 사실이야."

다음날 아침이 되었다. 은미 씨가 아침 식사 준비를 하는 동안에 중학생인 아들과 초등학생인 딸은 등교 준비를 하고 윤 부장은 출근 준비를 하고 있었다. 그런데 얼른 보기에 중학생 아들의 표정이 어두워보였다. 그래서 엄마가 아들에게 물어보았다.

"너 안색이 안 좋아 보이는데 어디 아픈 거니?"

"그런 것은 아닌데 어제 잠을 잘 못 잤어."

"왜, 아픈 것도 아닌데 무슨 일이니? 고민이 있어? 엄마에게 말해 봐."

"사실 오늘부터 시험이야. 중간시험. 그래서 불안해서 그러지. 엄마도 알잖아. 나 시험불안이 심하다는 것."

"아, 그렇구나. 오늘부터야? 엄마가 깜빡했구나. 너 힘들겠다. 공부는 좀 했어?"

"공부를 해도 불안하니까 머리에 잘 들어가지도 않아. 그리고 엄마, 시험 칠 때 불안하니까 생각도 잘 나지 않아. 그래서 더 신경이 쓰여. 엄마, 내 밥은 하지 마. 어차피 먹어도 먹히지 않을뿐더러 설사할 거잖아. 아침은 굶어야겠다."

"아침을 먹지 않으면 배가 고프지 않겠어? 하긴 너 전에도 그렇더라. 시험이 있는 날은 밥을 못 먹고… 설사하고… 알았어. 그럼 굶어."

그때 화장실에서 세면을 하고 나온 아빠가 모자의 대화가 심상 찮다는 것을 눈치 채고 무슨 일인지를 물었다. 그래서 은미 씨는 자초지종을 설명하였다.

"아 참, 여보, 어젯밤에 당신이 가르쳐 줘서 했던 것 있잖아. 그것을 하면 되겠네. 맞아, 그것 해 봐."

"아빠, 그게 뭔데요?"

"맞네, 여보, 나도 생각을 못 했는데…. 아들아, 잠시만…. 그건 그렇고, 참, 여보…. 당신 어제 그 기분… 아직도 그래? 회사나 후배에 대한 생각과 마음 말이야? 지금은 어때? 여전히 과거처럼 회사 가기 싫거나 후배가 미운 마음이 있어? 아님 어제 바뀐 마음이 아직 있는 거야?"

"당신 말 듣고 보니 그러네. 나도 생각을 안 했는데…. 지금 생각해 보니… 뭐랄까… 그냥 괜찮아. 아무런 느낌도 생각도 없어. 그냥 회사를 가야지… 후배에 대해서도 괜찮아. 그냥 편안해. 그러고 보니 어제 그 마음이 그대로네. 날이 바뀌어도 변함이 없네. 신기하다. 야, 아들아, 그러니까 너도 해 보라니까… 아빠처럼 말이야. 마음이 편해질 것이고 시험도 잘 치게 될 거야. 그러고 보니 여보, 그게 우리 아들 시험 치는 것에도 해당이 될까?

"그건 나도 모르겠어. 어쨌든 그것도 스트레스에 해당하니까 되지 않을까?"

"그런데 엄마, 아빠, 도대체 뭐 때문에 그러는데요…. 답답하네."

"아, 그러니까, 아들아… 너 마음 편하게 시험 치고 싶지?"

"당근이지…. 그런데 그게 마음대로 돼? 안 되니까 이러고 있지. 누군 뭐 그러기 싫어서 안 그러나? 엄마도 잘 알면서 왜 그래?"

"그러니까 엄마가 방법을 가르쳐 주겠다고 하잖아. 엄마도 아빠도 어제 처음으로 경험했는데, 효과 짱이야. 아빠도 사실은 엄마에게 배워서 어젯밤에 시도했는데, 조금 전에 너도 들었잖아. 신기하다고. 아빠가 회사일로 스트레스를 잔뜩 받았었는데, 이제 괜찮다고 하시잖아. 여보, 그렇지?"

"맞아, 지금 엄마가 말한 그대로야. 그러니 너도 해 봐, 진짜 효과 죽여 줘."

"알았어. 아…. 지금 학교 가야 하는데 시간도 없는데…. 엄마, 오늘은 그냥 시험 치고 올게. 학교 갔다 오거든 해 줘. 지금 시간이 별로 없잖아."

"아니야, 시간이 별로 안 걸려. 길어도 5분이면 돼. 너 5분도 안돼?"

"5분이면 괜찮지만…. 5분 만에 마음이 편안해진다면 얼마든지. 그런데 그렇게 빨리 끝이 나? 에이, 말도 안 돼. 진짜 5분 내로 끝내야 해? 안 그러면 나 지각한단 말이야. 빨리 가방도 챙겨야 하는데…. 안 그래도 불안한 상황에서 지각까지 하면 나 오늘 죽어…."

"알았어, 아들아…. 그럼, 아들아, 너 이렇게 해 봐. 우선 자리에 똑바로 앉고… 옳지… 그리고 두 손을 엄마처럼 눈 옆으로 이렇게 하고 벌려 봐. 그리고 쥠쥠 하는 것 있지? 너 아기 때도 해 봤고 작은집의 아기들도 그렇게 하는 것 봤잖아. 그래, 바로 그거야. 자, 쥠쥠 하면서 손을 움직여 봐, 이렇게…. 옳지… 그리고 앞으로 똑바로 보면서 '나는 시험이 두렵다.'고 말해 봐. 자, 어서… 그게 현재 너의 마음이 맞잖아, 그치?"

"맞아. 알았어. 그럼… 그냥 이렇게 하면서 그렇게 말하면 돼?"

"그럼. 그런데 시선을 앞으로 해야 해. 그런 상태에서 반드시 두 눈 양 옆에 있는 쥠쥠 하는 손의 동작이 동시에 보이도록 하는 것을 기억해야 해. 그래, 그렇게 하는 거야. 그 동작을 계속 반복하면서. 그리고 말해 봐. '나는 시험이 두렵다.'라고 말이야."

(쥠쥠 동작을 하면서) "나는 시험이 두렵다." (10회 정도 반복함)

"그래 잘하고 있네. 그렇게 계속 하는 거야. 자, 이제 그만해 봐. 그리고 기분이 어떤지 느껴 봐."

"어…. 잘 모르겠는데…. 그런데 살짝 멍~한 느낌은 있네? 아닌가? 내가 그렇게 생각해서 그런가? 살짝 어지러운 것 같기도 하고, 내가 약해서 그런가? 아침을 안 먹었더니?"

"그런 것이 아니고 이게 원래 그런 거야. 아무튼 시험에 대한 마음이 어떤지 느껴 봐. 아직 처음과 같이 두려워?"

"어⋯. 잘은 모르겠는데, 이제 시험이라는 말을 해도 마음이 무겁지 않은 기분은 살짝 들어. 그렇게 말하면 맞는 거야?"

"아, 잘했어. 원래 그렇게 하는 거야. 괜찮아. 그런데 지금 생각해 보니까 수치를 정하는 것이 있더라. 엄마도 사실은 TV 프로그램에서 본 것을 기억해서 따라하는 것이거든. 그래서 엄마도 확실한지는 몰라. 다만 어제 엄마도 해 봤고 아빠에게도 시켜 봤는데 효과가 좋아서 너에게 해 보게 하는 거야. 그건 그렇고, 너 처음에 시작할 때 시험에 대한 부담을 10점 만점 기준으로 평가했을 때 얼마 정도였던 것 같아? 0점은 전혀 부담이 없는 것이고, 1은 약간, 10은 최고로 부담이 큰 것을 말한다고 가정해 봐."

"응⋯. 8 정도?"

"그럼, 지금은 어때? 일단 '시험'이라고 말하면서 그 느낌을 느껴 봐."

"알았어. '시험'⋯. 아까도 그런 느낌이 있었는데 지금은 5 정도⋯. 확실히 가벼워진 것 같아."

"좋아. 그럼 아까 했던 것을 다시 한 번 더 해 보는 거야. 자, 지금⋯ 쬠쬠 다시 하고 다시 한 번 더 그렇게 말을 해 봐. 쬠쬠 하면서⋯."

(쬠쬠 동작을 하면서) "나는 시험이 두렵다."(10회 정도 반복함)

"좋아, 그만하고. 이제는 아까 5점 정도의 수치가 어느 정도로 내려간 것 같아?"

"응… 엄마, 참 신기해…. 이제 없어진 것 같아. 어째 이런 일이? 신기하네…. 이젠 괜찮아. 시험을 생각해도 아무렇지 않아. 엄마, 대박이다…. 와… 이 정도로만 마음이 편해도…. 이제 시험 쳐도 되겠네. 와, 웃긴다. 그런데… 엄마 나 이제 학교 가야 해. 5분 지났 잖아. 일단 학교에 가서 시험을 쳐 볼게. 엄마, 고마워."

"다행이다, 아들아. 지금 괜찮다고 하는데, 그래도 학교에 가거 든 시험을 치기 전에 몇 번 더 하고 시험을 치도록 해라. 안전장치 로 말이야."

오후 시간이 되었을 때 은미 씨의 휴대전화 벨이 울렸다. 아들에 게서 온 전화다. 아들의 전화임을 확인한 순간 은미 씨는 순간적으 로 오늘 아들의 시험이 어떻게 되었을까 궁금하여 급하게 수신버 튼을 눌렀다. 그때 전화기에서 들려오는 밝고 경쾌한 목소리는 다 음과 같았다.

"엄마, 나… 오늘 시험 잘 봤어. 편안하게… 그런데 참 신기해… 하나도 안 떨렸어. 이런 적 한 번도 없었거든. 엄마 덕분이야, 고마 워!"

"아들, 고마워. 그런데 진짜야? 너 정말로 떨지 않고 시험을 잘 봤어? 시험 치기 전에 몇 번 더 하라고 했는데 그렇게 하고 시험을 치긴 했어?"

"그럼, 엄마 말대로 시험 치기 전에 몇 번 더 했지. 처음에는 교실에 들어가서 자리에 앉아서 시험을 기다리는 동안에 한두어 번을 했지. 어차피 시간이 얼마 걸리지 않으니까 간단하게 했지. 그런데 시작하기 전에도 마음의 불안 같은 것이 없었지만 그렇게 한두 번 하고 나니까 마음이 더 편해지면서 왠지 자신감이 생기더라. 그것 참 신기한 것 있지? 엄마, 나 지금까지 시험 칠 때 자신감 같은 것을 갖고 친 일은 없었거든. 자신감은커녕 늘 불안한 마음으로 긴장된 상태에서 시험을 쳤단 말이야."

"그랬구나. 잘했어, 우리 아들."

"1교시 시험을 마치고 쉬는 시간에 또 했었어. 그다음 시간이 영어시험인데, 솔직히 내가 영어에 좀 자신이 없잖아. 그래서 조금 신경이 쓰였어. 그래서 복도 밖으로 나가서 한두 번 더 했었어. 그런데 애들이 웃더라. 처음에는 좀 창피했었어…. 사실 처음에 교실에서 할 때도 아이들이 '너, 뭐 그리 바보 같은 짓을 하느냐?'고 하면서 낄낄대고 놀리기도 했었어. 창피해서 하지 말까 싶은 마음도 들었지만 어차피 잠깐만 하면 되니까 금방 끝을 내었지. 그런데 밖에서도 내가 그런 것을 또 하니까 아이들이 '애, 정말로 오늘 이상해졌다.'고 하면서 놀리는 거 있지…. 그래도 그렇게 하니까 영어 시험에 대한 부담이 사라지더니 정말로 영어시험도 잘 본 것 같아. 그리고 그다음 시험과목에서도 쉬는 시간마다 했더니 아, 정말로 신기해…. 정말 내 생애 처음으로 이렇게 편하게 시험을 봤어. 난 시험 결과와 상관없이 그냥 기분으로는 짱이고 까짓것 결과도 당연히 잘 나오겠지 뭐…. 설사 못 나와도 상관없어. 편하게 시험 칠 수 있었다는 것만으로도 난 좋으니까…. 엄마, 나 잘했지?"

"아. 그래. 너무 좋아. 그리고 고마워…. 무엇보다 네 목소리가 너무도 밝고 힘이 있어 좋아. 엄마는 너의 목소리만 들어도 행복해…. 시험 결과도 중요하지만 엄만 네가 그렇게 자신감을 갖고 살아가는 것이 더 좋아. 아무튼 고마워…. 엄마는 우리 아들 때문에 너무 행복해…."

은미 씨는 그렇게 아들과의 통화를 마친 후 곧바로 남편에게 전화를 걸었다. 처음에는 전화를 받지 않던 남편이 나중에 전화를 해왔다.

"여보, 아까는 업무 중이라 전화를 못 받았어. 왜, 무슨 일 있어? 전화를 했더군."

"응, 여보…. 반가운 소식 전하려고."

"그래, 뭔데, 여보?"

"응, 다름이 아니고… 아침에 아들이 오늘 학교에서 시험이 있다고 했잖아. 그리고 시험 때문에 불안하다고 해서 쬠쬠 한 것 있잖아…."

"맞아, 참, 어떻게 되었대? 시험은 잘 쳤대? 그러고 보니까 나도 궁금해."

"응, 여보. 좀 전에 통화를 했는데 너무도 편안하게… 아니 처음으로 편안한 마음으로, 자신감까지 가지면서 시험을 잘 봤대…. 너무 신기하지 않아, 여보? 우리도 어제 경험해 봤지만 아들까지 그렇게 편하게 시험을 잘 쳤다니 얼마나 다행이야."

"그럼, 듣던 중 반가운 소식이네… 야, 나도 기분 좋다."

"그렇지. 사실 당신도 반가워할 줄 알고 아들과 전화를 끊자마자 당신에게 전화를 걸었던 거야. 그렇게 알고 퇴근 후에 봐, 이만…."

"아니, 여보… 잠시만!"

"왜, 당신 일해야 하잖아."

"맞아, 잠시면 돼. 사실 나 오늘 그 후배를 만났어. 어제 나도 쫌쫌을 하면서 마음이 편해졌잖아. 후배에 대한 마음도 풀렸고…. 지금까지는 솔직히 후배가 밉고 그래서 일부러 피하기도 했거든. 꼴보기 싫어서. 그런데 오늘 출근을 하니까 제일 먼저 그 후배가 생각나는 거야. 그래서 '아, 이 친구하고 오늘 꼭 풀어야 하겠다.'는 생각이 들더군. 지금까지는 그런 생각 자체를 할 수가 없었지…. 생각만 해도 가슴이 답답하고 머리가 무거웠거든. 그런데 오늘 아침에는 그렇지 않더라고. 그래서 일단 후배에게 전화하여 먼저 미안하다고 하면서 오해를 풀었으면 좋겠다고 했지. 그러고는 내 마음과 어제 했던 쫌쫌 이야기까지 해 줬지."

"그랬더니, 뭐래, 그 사람이?"

"응… 처음에는 좀 어리둥절해 하는 것 같았어. 나도 자기를 불편해 한다는 것을 알았을 테니까…. 솔직히 그동안 서로 적당하게 피했거든. 그랬는데 내가 그렇게 얘기를 했으니 처음에는 당황스럽기도 했겠지…. 그러나 내 진정성을 알았는지 잠시 후에 정말로 미안하다고 사과를 하더라고. 자기가 선배인 나에게 정말 나쁜 짓을 했었노라며 용서해 달라고 하더군. 그래서 괜찮고 이제 우리 편하게 옛날처럼 좋은 선후배 관계로 돌아가자고 했더니 고맙다고 하면서 오늘 저녁을 사겠다고 하는 거야. 그래서 내가 그럴 것 없다고 거절했더니 한사코 고집을 피우면서 자기에 대한 마음이 진심이면 자기의 진심을 받아들여 달라고 하면서 일방적으로 저녁 약속을 잡는 거야. 그래서 할 수 없이 그렇게 하기로 했지.”

“응, 여보, 잘했어. 그렇게 해. 그럼 당신은 오늘 저녁식사를 밖에서 하고 오는 것으로 알고 기다리지 않을게.”

“그래, 여보. 그런데 그 후배가 나에게 그 쥠쥠 기법을 가르쳐 달라는 거야. 자기도 그것으로 고민과 스트레스를 좀 풀었으면 좋겠다고 하더군. 그래서 내가 오늘 저녁에 식사를 하면서 차근차근 가르쳐 주겠다고 했지.”

“잘했어, 여보. 당신 오늘 좋은 일 하나 하겠구나. 좋은 시간 보내고 밤에 집에서 봐.”

03 친정엄마의 고통

은미 씨는 어제 자신과 남편이 경험했던 일과 오늘 아들의 경험에 대해서 되씹어 보았다. 그리고 참으로 신기한 이 방법에 대해서 제대로 아는 것이 없다는 생각이 들었다. 그래서 도대체 이것이 무슨 원리로 효과를 내는지, 그리고 자신들이 한 그 방법이 정말로 제대로 한 것인지에 대해서 궁금해졌다. 그래서 이왕 이렇게 된 바에야 그 방법에 대해서 제대로 알아봐야겠다는 생각을 하게 되었다.

그러나 그 생각도 잠시, 곧 혼자 외롭게 살아가시는 60대의 친정엄마가 생각이 났다. 몇 년 전에 친정아버지를 먼저 떠나보내신 엄마는 혼자서 외로움과 함께 두통, 요통, 관절통, 견비통 등의 각종 통증 때문에 힘들어하며 사신다. 그래도 엄마는 2남 1녀의 자녀들이 무탈하게 잘 지내고 있는 것에 대해서 감사하며 가끔씩 만나는 손주들 보는 재미로 사신다.

은미 씨로서는 그런 엄마를 생각하면 감사하기도 하고 미안한 마음이다. 감사의 마음은 형편이 어려운 가운데서도 외동딸로서 부모님의 사랑을 많이 받았기 때문이며 미안한 마음은 결혼 후에는 살기 바빠서 부모님께 제대로 해드린 것이 없다는 생각 때문이다. 그래서 잠시라도 친정에 들러서 엄마의 마음도 위로해 드리고 이런저런 통증도 한번 살펴봐 드려야겠다고 생각하였다.

다음날 은미 씨는 간단한 선물을 하나 마련하여 집에서 멀지 않은 곳에 사시는 친정을 방문하였다. 그리고 모처럼 엄마와 만나서 오순도순 이야기꽃을 피웠다. 그러는 가운데 은미 씨는 엄마의 외로움이 생각보다 많이 깊다는 사실을 알게 되었다. 그리고 요즘엔 허리가 아파서 무엇을 짚거나 의지하지 않고는 제대로 일어서지를 못한다는 사실을 알았다. 그래서 은미 씨는 일단 엄마의 외로움과 허리통증에 대해서 도움을 드리기로 마음먹었다.

"엄마, 내가 엄마의 외로움을 좀 풀어드릴게."

"갑자기 웬 말이냐? 네가 무슨 외로움을 풀어 주겠다는 거냐? 이것을 어떻게 풀라고? 돌아가신 너희 아버지가 살아오신다면 몰라도…. 무슨 특효약이라도 있다는 말이냐? 별 소리를 다하네."

"에이, 엄마도…. 그런 것 아니래도. 가만히 있어 봐. 하여튼 내가 어떻게 해 볼 테니까."

"아니, 그래도 봐…. 네가 어떻게 하겠다는 거야? 내 외로움이 어때서…. 혼자 살다보면 누구나 겪을 수 있는 일을 새삼스레 어떻게 하겠다고 수선 떨 필요가 없다. 원래 그러면서 늙어가는 거니까…. 괜찮다. 너희들만 잘 살면 된다."

"알았으니까, 내 말 좀 들어 봐, 엄마. 내가 말하는 것은 무슨 약도 아니고 어려운 것도 아니야. 그냥 내가 하자는 대로 엄마는 따라 하시면 돼. 하나도 어렵지 않아. 그리고 시간도 오래 걸리지 않아. 잠시만 따라 하시면 되니까 그냥 아무 소리 마시고 따라해 보세요."

"그래, 뭔지는 모르겠지만 일단 알았어. 너의 말처럼 어렵지도 않고 시간도 얼마 안 걸리고…. 잠깐 뭘 하면 된다고 하니 얼른 해봐라. 너는 오늘따라 참 이상한 소리를 한다만, 이제 아무 소리 안할 테니까."

"고마워요, 엄마. 진작 그럴 것이지. 그럼 내가 하나 물어볼 테니까 엄마는 솔직히 대답하면 돼."

"내가 너에게 거짓말할 것이 뭐가 있다고. 얼른 물어 봐, 그럼."

"엄마, 엄마가 외롭다는 것이 어느 정도야? 그러니까 조금 외로워, 많이 외로워?"

"많이 외롭지. 솔직히 밤에 잠을 자려고 누워 있으면 자꾸 너희 아버지 생각이 나고 무섭기도 하고 그래. 그러면서 옆에 아무도 없이 혼자 잠을 자야 한다는 것이 쓸쓸하고 그래. 그래서 외롭다는 것이지. 때로는 눈물이 나올 때도 있지. 그러나 어쩌겠어? 그게 인생이라고 생각하면서 사는 거지…. 그렇게 살다가 가는 거지, 뭘 그러냐. 이제 됐냐?"

"응, 알았어, 엄마. 그런데 그것을 수치로 정한다면 10점 만점에 얼마가 될까? 1은 아주 조금 외로운 것이고, 2는 그것보다 조금 더 외로운 것이고⋯. 그래서 10점은 최고로 외로워서 못살 정도를 말하고, 9 정도면 10보다는 덜하지만 그래도 아주 많이 외로운 것이지. 엄마는 이런 기준에 비추어 볼 때 얼마나 외로운 것 같아?"

"몰라, 내가 얼마나 외로운지 난 한 번도 생각을 안 해 봤지. 그냥 너와 오늘 이런저런 얘기를 하다 보니 그렇다는 것이지. 평소에 내가 이만큼 외롭구나 하고 생각하면서 살지는 않지. 어쨌든 내가 외롭다는 것은 알긴 하지만 말이야."

"그러니까, 엄마⋯. 그 외로움 정도가 어느 정도 되는 것 같냐는 것이지. 약간인가, 아니면 중간 정도인가, 아니면 아주 많이 외로운가 하는 거야. 수치를 얘기하기 어려우면 수치는 얘기 안 해도 돼."

"모르겠어. 그냥 난 많이 외로워. 그래서 베개 같은 것을 안고 자기도 하고 그래."

"그럼, 엄마, 10이라고 할까?"

"그건 너무 많아."

"그럼, 9는 어때?"

"그것도 많아. 너무 그러면 내가 불쌍해 보이잖아. 난 그 정도는 아니야, 아직⋯. 나중에 나이를 더 먹으면 9도 되고 10도 되겠지만 아직은 그 정도는 아닌 것 같아."

"그럼⋯ 8로 할까?"

"그것도 좀⋯. 9보단 낫긴 한데, 그래도 아직은 아닌 것 같아."

"그럼 7은 어때? 7 정도라고 할까?"

"나도 모르겠어. 그런데 7 정도라고 하니까 그 정도는 되지 않을까 싶네…. 야, 어찌 내 마음을 숫자로 표시하냐? 모르겠다. 네가 알아서 해라. 그런데 그것은 왜 물어? 별 희한한 것도 다 묻네."

"좋아요, 엄마. 그럼 엄마의 외로움 정도는 7이라고 할게요. 좋아요, 7이에요."

"알았어."

"엄마 두 손을 이리 좀 내 봐. 아기들이 하는 쥠쥠 알지? 그거 해 봐. 이렇게 말이야."

"얘가 오늘 별것을 다 시키네. 그건 뭐하러? 내가 너에게 재롱떨란 말이냐? 내 외로움 달래 준다고 하더니 재롱잔치를 하라는 거야 뭐야?"

"엄마, 그게 아니고…. 일단 내가 시키는 대로 해 보라니까. 이렇게… 자… 쥠쥠."

"알았어. 이렇게 하면 돼? 자, 쥠쥠쥠… 됐어?"

"응, 그래요. 이제 두 손을 눈높이에 올리고 양 옆으로 쭉 벌려 봐, 이렇게. 어깨넓이보다 약간 더 벌어지게 하고 계속 쥠쥠을 하는 거야. 좀 우습게 보이긴 하지만. 응, 엄마, 그렇게 하면 돼. 잘 하고 계시네… 계속~."

"알았어…. 이렇게 하면 된다는 거지? 그래, 그러면 뭐가 되는데?"

"응, 엄마. 뭐가 되는 것이 아니고…. 이번에는 엄마가 앞에 있는 저 벽의 저 점을 정면으로 바라보는 거야. 자, 한번 해 봐요."

"응. 이렇게…? 그래, 보고 있어."

"그런데 엄마, 좌우 두 손의 쬠쬠 하는 동작이 양 옆으로 동시에 보여? 눈을 돌리지 말고… 응, 눈은 저 앞의 점을 본단 말이야, 그런데도 양 옆의 두 손동작이 동시에 보일 수 있단 말이야, 맞지, 그렇게 동시에 보이지?"

"그래, 보이긴 한다. 그런데 꼭 그렇게 해야 해? 왜 꼭 앞을 보면서 양쪽의 손동작을 봐야 해?"

"응, 엄마. 꼭 보라고 하는 것이 아니고 그렇게 보일 수 있다는 얘기지. 그렇게 하는 동안에 '나는 외롭다.'고 말해 봐. 자, '나는 외롭다.' 어서! 이때 양옆의 손동작이 동시에 보이도록 한다는 것을 잊지 마세요."

"알았어. '나는 외롭다.' 됐어?"

"응, 엄마, 잘하셨어요. 그렇게 10번을 계속 해 봐. 그러니까 쬠쬠을 계속 하면서 앞을 보는 동안에 쬠쬠 하는 손동작이 좌우로 동시에 보이도록 하고, 그렇게 '나는 외롭다.'고 말하기를 10번 정도 천천히 해 보시라는 거야. 자, 시작!"

"나는 외롭다."(10번을 반복함)

"엄마, 됐어요. 좋아요. 그만해도 돼. 자, 이제 나를 보면서…. 엄마, 기분이 어때?"

"뭐가 어때? 아무렇지 않지."

"엄마, 진짜로 아무렇지도 않아? 외로움은?"

"야, 그런다고 외로움이 어디 가냐? 외로움은 외로움이지. 너희 아버지가 살아 돌아오신 것도 아니고…. 별 해괴한 짓을 하게 해 놓고는 외로움 타령이냐?"

"아이, 엄마도. 그게 아니라니까 왜 자꾸 안 좋게만 생각하는 거야. 모처럼 이 딸이 엄마에게 효도 한번 해 보려고 바쁜데도 일부러 왔구먼…. 자꾸 그러면 집에 가 버릴 거야, 정말로?"

"아, 알았어, 알았다고. 하도 이상한 것을 시키니까 하는 소리지 뭘, 소가지가 좁긴 그만한 일로. 됐어. 알았어, 안 그럴게."

"그럼, 이제 안 그러기예요? 약속해야 돼? 진짜 한 번만 더 그러면 나 갈 거예요. 아무렴 딸이 엄마에게 나쁜 것을 시킬까? 다 엄마 생각해서 엄마께 도움 되고 효도하려고 하는 것을 모르고…. 그러니까 천천히 날 따라하다 보면 엄마에게 좋을 테니 당장 모르겠다고 무시하지 말라는 뜻이야, 알았어요, 엄마?"

"알았다니까, 왠 말이 많아, 어서 하기나 해."

"그럼 됐어. 다시 물을게, 엄마. 아까 엄마는 제대로 한 것 같았어. 다시 말하면… 저 앞의 벽에 있는 것을 제대로 보면서 양 옆의 쬠쬠 하는 손동작을 동시에 보고… 그렇게 하셨지?"

"야, 저 점을 보면서 쬠쬠까지 하고 또 뭐라고 말하고… 바쁘더

라. 그래서 손동작까지 볼 정신이 어디 있냐? 하다가 안 하다가 그랬던 것 같아."

"알았어, 엄마. 그럼 다시 하면 되니까, 신경 쓰지 마세요. 자, 다시 설명할게요. 저 점을 보는 자세로… 정면으로… 그리고 눈 양 옆으로 두 손을 들고 어깨넓이만큼 벌렸다가 조금 더 벌리고… 그리고 쫌쫌을 하는 거예요. 그리고 앞의 점을 보는 동안에 쫌쫌 하는 두 손의 동작을 동시에 보이도록 한다…. 그것이 핵심이에요. 엄마, 그렇게 되지? 아까 처음에 그렇게 했다고 했잖아."

"그래. 지금은 잘 돼."

"엄마, 그러니까…. 그렇게 하면서 이제 '나는 외롭다.'고 말씀하시는 거야. 그 자세와 동작을 하면서 말이야. 자, 시작해요. 내가 엄마 제대로 하는지를 살펴볼 테니까."

"나는 외롭다." "나는 외롭다." (15회 정도 반복함)

"좋아요, 엄마, 잘하셨어. 이제 그만 하시고…. 어때요? 날 봐, 엄마… 기분이 어때? 그렇게 하고 나니까?"

"아, 그러고 보니까 아까도 그랬는데, 좀 어지럽긴 했어. 지금도 그래. 약간 멀미가 나는 것 같기도 하고 멍~ 하기도 하고 그러네? 그게 다야."

"에이, 엄마는. 아까는 아무렇지도 않고 모르겠다고 하셨잖아."

"그때도 약간 어지럽긴 했지만 별거 아니라고 생각하고 그랬지. 그런데 지금도 그 느낌이 있네, 약간 어지럽고 뭔지 모르겠지만 좀 멍한 느낌 말이야. 그래서 내가 말하는 것이지. 이거 내가 뭐 잘못한 거야? 그런 것 맞지?

"엄마, 아니야. 잘못한 것 하나도 없어. 그리고 이것은 잘못할 수가 없어. 내가 하라는 대로 하지 않아도 상관없어. 설사 잘못한다 하더라도 아무 문제없으니까 염려할 것은 전혀 없어. 그 대신에 효과를 보려면 제대로 해야 하겠지만. 그런데 엄마, 좀 어지럽다고 했잖아? 그건 잘 하신 것 같은데…. 원래 그런 거예요. 약간 어지러운 것 같기도 하고 또 멍한 느낌도 있다면서? 그래, 바로 그거예요. 그러면 된 거예요."

"그게 뭐가 되었다는 거야? 그래서 어쩌라고? 내가 어지러워서 넘어지면 되겠네?"

"엄마도 참, 그게 아니라니까…. 그렇게 하면 원래 약간 어지러운 것 같은 느낌이나 멍한 느낌이 들 수 있다고…. 그런데 그런 느낌과 함께 효과도 생겨요."

"무슨 효과가 생긴다고 그래? 지금 내가 무엇을 했는데, 무슨 효과가 생긴다고?"

"자, 엄마, 내 말 들어 봐요. 조금 전에 엄마가 외롭다고 그러셨잖아, 그치?"

"그래, 내가 그랬지. 그런데 뭐?"

"그래, 엄마. 다시 생각해 봐. 아직도 외롭다는 느낌이 있어? 아까 7점 정도로 외롭다고 말씀하셨잖아. 그러니까 그 외로움이 아직도 그 정도로 느껴지느냐고. 아니지? 내 말 맞지? 아니지? 좀 편해졌지?"

"얘… 그러고 보니… 외로움은 잊어버렸네. 생각이 안 나. 아무 생각이 안 나. 아까 그랬잖아. 왠지 어지럽고 멍~ 하면서 아무 생

각이 안 난다고. 그 말이야. 아무 생각이 안 나."

"그것 봐, 엄마…. 그게 효과잖아. 아무 생각이 안 난다고."

"그러니까, 그게 무슨 효과야? 생각이야 안 날 수도 있는 것 아니냐? 사람이 24시간 외롭다고만 생각하고 사는 건 아니잖아, 안 그래?"

"엄마, 그게 아니고…. 지금 생각해 보자. 엄마 외로워? 외로움이 느껴져?"

"아무 생각이 안 난다니까 그러네."

"그것 봐, 엄마. 외로움이 없어졌네. 그치? 아무 생각이 안 난다는 것은 외로움을 안 느낀다는 거야. 그 외로움이 없어졌다는 거네. 맞잖아."

"몰라, 나도 모르겠어. 네가 그렇게 말하니 그런 것 같기도 하다만…. 야. 내가 24시간 외로움을 생각하면서 사는 것이 아니라고 했잖아. 생각이 안 날 때도 있지."

"엄마, 내가 그런 것이 아니라고 말했잖아. 그럼, 다시 물어볼게.

엄마, 처음에 엄마의 외로움이 0이라고 했어, 1이라고 했어? 아니면 2나 3이라고 했어?"

"물론 7이라고 했었지."

"그럼, 엄마, 그 7은 어떻게 해서 생긴 거야? 그러니까 어째서 7이라고 하셨냐 말이지."

"그것은 내가 10이나 9 또는 8만큼은 아니라고 해서 네가 7이라고 하자고 해서 그렇게 한 것이지. 내가 틀렸어?"

"그게 아니라니까. 엄마가 틀렸다는 것이 아니고 오히려 잘하신 거야…. 제대로 하셨다고. 그런데 엄마가 제대로 하고 효과가 있다고 한 것을 내가 설명하는 것이니 잘 들어 봐요. 자, 엄마가 아버지 돌아가시고 혼자서 주무시게 되면서 외롭다고 하셨잖아. 그치?"

"그래, 내가 그랬지."

"그래서 내가 물었잖아. '그 외로움을 수치로 표현한다면 어느 정도 될까?'라고. 그랬더니 엄마가 대답을 잘 못하기에 내가 이런저런 예를 들어 설명하니까 엄마는 7에 해당한다고 대답하셨잖아. 비록 내가 7이라는 수치를 말했지만 엄마가 동의를 하셨단 말씀이지. 내가 7만 이야기한 것이 아니잖아. 처음에 0이나 1도 얘기했고 10, 9, 8도 얘기했잖아. 그런데 그런 수치는 엄마 마음에 와 닿지 않았잖아. 그런데 7을 얘기하니까 그것은 마음에 와 닿았잖아. 그래서 7로 하기로 했고. 맞지?"

"그래, 그 말은 맞아. 그러고 보니 내가 그랬어. 10 정도는 아니라고 했었지. 그것은 내가 더 늙은 후에나 가능하겠지만 지금은 그만큼은 안 된다고 말했었어. 맞아. 그리고 9도 아니고 8도 아니

고…. 그래서 네가 7이라고 하기에 맞아, 그 정도는 되겠다 했지. 내가 좀 힘든 것이 사실이니까… 그렇다고 해서 8이나 9도 아니고 10은 더구나 아니고… 맞아. 7 정도가 된다고 생각했었지. 그런데 그게 어떻게 되었는데?"

"좋아, 엄마. 지금 잘하시고 있어요. 그런데 지금 엄마가 외로움을 생각해 보시라고…. 그리고 돌아가신 아버지도 생각해 보시고. 마음이 어때? 예전처럼 아버지가 보고 싶거나 마음에서 뭔가 외로움이 느껴지거나 하는 느낌이 올라오냐고? 그리고 지금 이런 얘기할 때 예전과는 어떤 차이가 있어?"

"야, 그러고 보니 이상하다."

"뭐가? 뭐가 이상하다고? 또 내 말을 반박하려고 그러지?"

"아니, 그게 아니고…. 내가 아까부터 계속 아무 생각이 나지 않는다고 그랬잖아. 그 말이야. 진짜로 아무 생각이 나지 않는데…. 솔직히 처음에 네가 아버지에 대해서 이야기하고 또 외로움이 어쩌고 할 때는 가슴에서 뭔가 저리는 것이 올라왔었어. 잠자려고 누우면 거의 매일 그런 것이 올라와. 그러면 괜히 서럽고 눈물도 나고 그래…. 너희 아버지 가시고부터는 늘 그랬어. 그리고 아까 그런 얘기할 때도 사실은 가슴에서 그런 것은 있었어. 그런데 지금까지 몇 년간 늘 그런 것을 갖고 살아왔기에 대수롭게 생각을 하지 않았지. 당연한 것으로 여겼단 말이야. 그리고 '외로움'이라고 하면 그냥 자동적으로 내 마음에서 너희 아버지 얼굴이 떠오르고 가슴에서는 뭔가 저리는 느낌… 이런 것이 아까도 계속 올라왔단 말이야. 그런데 이거 뭐야… 쬠쬠인가 뭔가를 계속 하면서 처음에는 이것이 뭐 하는 짓인가 하는 생각이 들었지만, 네가 하도 뭐라고 해서 따라 했더니 어느 순간엔가 머리가 맑아지고 가슴이… 뭐라고 할까… 내가 답답하고 힘들면 바닷가에 데려다 달라고 너한테 얘기하고 그러잖아. 똑같지는 않지만 바닷가에서 바람 쐴 때 느끼는 그런 가볍거나 시원한 느낌이 있었어. 약하긴 했지만."

"엄마, 바로 그거예요. 잘하셨어요. 아… 다행이다. 그런데 엄마가 내 말을 잘 못 알아듣고 자꾸만 딴소리를 하시니. 내가 그랬잖

아, 끝까지 따라해 보시라고."

"가만히 있어 봐. 나 이런 느낌 처음이야. 아까 생각이 안 난다고
한 것은 그냥 내 자신이 내가 아닌 것 같아서 그런 거야. 꼭 꿈을 꾸
는 것 같고, 자다가 일어난 것 같아. 너희 아버지도 생각은 나지만
옛날 같지가 않아. 왠지 막연하고 그래. 예전에는, 아니 조금 전까
지만 해도 너희 아버지를 생각하면 가슴에 뭔가 꽉 막히는 것 같으
면서 저리는 느낌이 왔어. 그리고 괜히 울컥하고 그립고…. 그래서
힘들었지. 그리고 나 혼자라는 생각에 외롭고, 괜히 서럽고… 그랬
어…."

"그런데 지금은 안 그렇단 말이야?

"이렇게 말하면 네가 나를 이상하게 생각할 것 같다만…. 진짜로
이상해. 지금은 멍~ 하기만 하고 안 그래. 너희 아버지에게 미안하
다만 이젠 솔직히 아버지 생각도 제대로 안 나. 그냥 웃는 모습은
생각나지만 왠지 멀리 느껴져…. 그래서 외로움인지 뭔지, 또 가슴
에서 올라오던 뭔지 하는 것들도 이젠 없어. 그냥 편안해. 진짜야.
아무렇지도 않아. 그래서 아무 생각이 안 난다고 한 것 같아. 맞아.
아까도 이런 느낌이 있었어. 다만 이게 뭔가 싶었어. 오히려 내가
뭘 잘못했는가 싶은 마음에 아무 생각이 안 난다고만 한 것 같아.
진짜야."

"엄마, 바로 그거야. 참 잘하셨어. 그래, 그게 효과라는 거야! 아
버지 생각이 잘 안 난다는 것은 좋은 거라고. 왜냐하면 입장을 바꿔
서 생각해 봐. 하늘로 가신 아버지가 만약에 엄마를 보신다면, 엄마
가 만날 아버지 생각하면서 눈물짓고 밤에 잘 때마다 외로워하고

아버지를 그리워하고 잠을 제대로 못 이루고 또 가슴에 뭐가 어떻고 한다면 아빠가 편하게 잘 계실 수 있을까? 아니잖아. 오히려 엄마가 마음 편하게 잘 지내고 잠도 잘 주무시는 모습을 보는 것이 더 낫지. 내가 시집갔을 때 매일 엄마 생각하면서 울고 그리워하면서 잠도 제대로 못자고 있으면 엄마도 마음이 편하지 않을 것 아니야? 그런 면에서 생각을 해 보면 오히려 잘 된 것이라고. 아빠도 오히려 엄마가 그렇게 지내시기를 바라실 것이란 말이지, 안 그래?"

"그래, 너의 말이 맞아. 나도 그러려고 했지. 너희 아버지를 먼저 보내놓고, 처음에는 망연자실했고 밥도 안 먹히더라. 너도 알잖아. 한동안 내가 우울증 때문에 힘들었던 것…. 그래도 너희들이 잘 보살펴 주고 또 너희들이 잘 살아가는 모습을 보는 것이 위로가 되어 내가 털고 일어날 수 있었어. 그래도 마지막에 그 외로움인가 하는 것은 잘 털어지지가 않았지. 그게 어디 마음대로 잘 되는 것은 아니잖아. 그런데 아까 그렇게 해 보니까 신기하게 마음이 그렇게 되네. 그리고 너의 말마따나 아버지 생각이 덜 나더라도 내가 편하게 잘 지내는 것이 너희 아버지도 좋아하시겠다는 생각이 드네…. 그래, 너의 말을 듣고 보니 마음이 더 편해졌어. 애, 이게 원래 이런 거야? 참 신기하다."

"그렇다니까. 엄마, 내가 몇 번이나 말을 했잖아. 그렇다고."

"아니 얘야. 나도 하도 신기하니까 자꾸 그런 말을 하지. 너도 내 입장이 되어 봐. 너는 그래도 TV 프로그램이라도 봤다고 하지만 난 그것도 아니잖아. 그걸 갖고 자꾸 날 나무라면 어떻게 해?"

"알았어. 나는 나대로 몇 번이나 말을 해 줬는데도 엄마가 제대로 안 믿는 것 같아서 답답해서 그렇지 뭐. 하여간 알았어. 이제 그 얘기는 그만하고 빨리 엄마 허리로 넘어가자."

"그래, 그럼 나보고 어떻게 하라고? 허리가 아프다니까?"

"그러니까, 엄마. 아까처럼 이번에는 '허리가 아프다.'고 말하는 거야. 그런데 참, 허리 아픈 것이 수치로 얼마나 되는지 먼저 체크하자. 엄마가 생각하기에 지금도 허리가 아파?"

"응, 그래. 지금도 좀 아프지. 이렇게 한참 앉아 있으면 허리 쪽에서 은근히 불편한 느낌과 약한 통증이 느껴져."

"그래, 엄마. 그렇다면 그 불편한 느낌이나 통증이 수치상 어느 정도 되는 것 같아? 아까 우리 해 봤잖아. 1에서 10까지 수치 중에서 말이야."

"음… 한 4 정도 될까? 그렇게 심하지는 않으니까 중간 5 정도가 되는 것 같기도 하고 그것보다는 좀 약한 것 같기도 하고 그래."

"그럼 엄마 일단 4로 시작해 볼까?"

"그래, 그렇게 해. 4로 할게. 하여간에 지금 허리에 불편한 느낌

이 계속 있는 것은 사실이니까. 그렇게 심하지는 않지만 그렇다고 없다고도 할 수는 없거든. 아주 약한 것은 아니지만 어느 정도는 불편한 느낌이 있으니까 말이야."

"알았어, 엄마. 그럼 이번에는 쫌쫌 자세로 가는 거야. 눈을 앞의 저 점을 보고 두 손은 눈높이에 들고 좌우로 펼치고 주먹을 쥐었다가 쫌쫌을 하면서 양쪽으로 그 쫌쫌 하는 손동작이 보이도록 한다는 것을 잊지 말고. 그리고 '허리가 아프다.'고 반복해서 말하는 거야. 자, 해 봐, 시작!"

"허리가 아프다." "허리가 아프다." (10여 회 반복함)

"이제 됐어, 엄마. 이제 멈추고 잠시 허리 상태를 느껴 봐. 엄마, 어때?"

"아직은 잘 모르겠는데? 역시 아까처럼 약간 멍한 느낌은 있긴 한데… 허리 느낌은 그대로인 것 같아."

"엄마, 그럼 한 번 더 해 보자. 자, 시작해 봐."

"알았어". "허리가 아프다." (10여 회 반복함)

"그만…. 이제 멈추고 다시 허리를 느껴 봐, 엄마. 어때? 아까에 비해서?"

"기분인지 모르겠지만 아픈 것은 그대로인데… 조금 덜한 것 같기도 하고, 그래."

"그럼, 여전히 4라고 할까? 아니면 혹시 3 정도?"

"그래, 3이라고 하자. 아까 4와는 조금 다른 것 같아."

"알았어. 이제는 엄마 이렇게 해 보는 거야. 엄마가 알고 있는 말 중에서 '다'로 시작되는 단어가 있을까 생각해 봐. 예를 들면, '다리미' '다람쥐', 이런 것 말이야. 모두 '다'로 시작되잖아."

"갑자기 또 이상한 질문을 하네. 몰라, 생각이 안 나. 네가 이미 말을 했네. 다람쥐니 다리미니…. 뭐 그렇게 하면 되겠네."

"그것 말고 또 없을까? 어…. '다시마' 어때? 그리고 '다슬기'도 있네. 두 글자이긴 하지만 '다리'도 있고, '다용도'란 말도 있고. 뭐 많네. 그러니까 엄마도 생각해 봐, 지금."

"얘, 갑자기 '다중인격'이 생각나네, 웃긴다. 그리고 '다알링', 뭐 이런 것도 될까? 웃기지? 그러고 보니 '다이얼'도 생각나네?"

"알았어. 그 정도면. 엄마 잘하시네? 그러면 이번에는 엄마가 '허리가 아프다.'고 말하면 끝자가 뭐로 끝날지 생각해 봐. '다'로 끝나지?"

"그렇지. '아프다'고 했으니 '다'로 끝나지."

"맞아. 그러니까 이제 엄마가 '허리가 아프다.'고 하고 나서 그것을 무조건 반복하지 말고 끝에 아까 생각했던 '다'로 시작되는 말들 중에서 아무것이나 붙이고 말하는 거야. 예를 들면, '다리미'를 붙인다고 가정해 보자. 그러면 이렇게 돼. '머리가 아프다리미.' 이렇게 말이야. 그래서 내가 끝에 '리미'를 붙이라고 말을 하면 엄마가 그렇게 붙여서 말을 하면 되는 거야. 우선 연습해 보자. 엄마가 '다리가 아프다.'고 말해 봐."

"다리가 아프다."

"그리고 '다'로 끝나는 말끝에 '리미'를 붙이면서 다시 말해 봐. 시작!"

"다리가 아프다… 리미?"

"그래, 잘했어. 그렇게 반복하는 거야. 계속해서 말이야. 자, 이제 정식으로 시작한다. 쫌쫌 손동작과 눈동자 위치 잘 맞추고… 시작!"

"머리가 아프다리미, 머리가 아프다리미, 머리가 아프다리미…."

"엄마가 그 말을 계속하면서 이번에는 '다리미'가 '미'자로 끝이 나니까 '미장원'이라는 말을 생각하여 '미'로 끝난 후에 '장원'을 붙이는 거야. '머리가 아프다리미장원' 이렇게 말이야. 자, 해 봐, 엄마. 몇 번 계속 반복하는 거야."

"머리가 아프다리미장원, 머리가 아프다리미장원, 머리가 아프다리미장원…."

"자, 그만. 엄마, 멈추세요. 그리고 날 보면서… 어때요? 지금 뭐 하신 것 같아요?"

"몰라, 뭐 이상한 소리를 한 것 같아. 갑자기 다리미가 나오고 장원인가, 다리미장원, 뭐… 다리에 있는 미장원인가? 좀 웃긴다, 그치?"

"잘하셨어요. 엄마, 이제 허리를 느껴 봐! 어때?"

"허리? 하하하하 몰라. 잊어버렸어. 내가 허리에 대해서 뭐라고 그랬어? 아까 네가 시키는 대로 하다 보니 정신이 없어서 잊어버렸어. 허리? 아, 맞아. 허리가 아프다고 했지? 그런데 내가 왜 그러냐? 아프다고 하다가 뭐 '다리미' '미장원' 어쩌고 횡설수설한 생각만 나고 이젠 허리 생각이 안 난다? 아까 너희 아버지 때처럼 말이다… 웃기네."

"아니, 그러니까 허리는 안 아프시냐고?"

"내가 말했잖아. 생각이 안 난다고. 허리가 아픈지 안 아픈지 몰라. 그냥 모르겠어."

"그럼 엄마, 허리가 안 아프다는 것이잖아. 생각이 나지 않는다는 것은. 아까 처음에는 허리의 통증이나 불편함이 4 정도는 된다고 얘기했고, 중간에는 3 정도를 얘기했잖아. 그렇다면 그 3은 어디 갔냐고? 4도 물론이지만."

"그러게 말이다. 지금도 아까처럼 내가 바보짓 한 것 같기만 하고. 허리도 이리저리 돌리고 움직여 보는데… 이상해… 느낌이 없어. 이러면 안 아픈 것인가? 통증이 없어진 것인가? 그럴 리가 있나? 하여간에 지금은 괜찮아. 그것 참 신기하네. 난 아까 어리둥절하게 네가 시킨 대로 따라 하기 바빴어. 그리고 뭐 다리미가 어떻고 다리미장원인지 그냥 미장원인지 그런 소리를 몇 번 내느라 정신이 없었어. 그 사이에 허리는 어디로 갔는지 생각도 나지 않아."

"아, 엄마, 잘하셨어요. 정말로 잘…. 역시 우리 엄마는 내 말을 잘 듣고 효과도 좋아. 그래요. 앞으로도 만약 허리가 아프거나 불편하거든 오늘 내가 시킨 대로 하면 금방 좋아질 거야. 그렇다고 허리가 나았다거나 다시는 안 아플 것이라는 얘기는 아니니까 약 드시던 것은 평소대로 계속 드세요. 그리고 병원에도 다니시고. 그러나 불편하고 힘들다면 이렇게 하다보면 마음이 편해지고 이상하게 아픈 것도 잊게 된다는 말씀이지. 알았지?"

"나야 좋지. 알았어. 네가 시키는 대로 해 볼게. 그런데, 애야. 이번에는 이 어깨도 좀 해 보자. 아까는 허리가 더 심했기에 어깨 생각은 하지 않았는데, 평소에 어깨도 안 좋아. 지금도 특히 오른쪽 어깨가 찌릿한 느낌과 함께 무거움과 통증이 있어. 그래서 팔을 쉽게 움직이지 못할 때가 많아. 이것은 안 될까?"

"당연히 되지. 그럼, 엄마, 이번에는 오른쪽 어깨를 해 보자. 그럼 아까처럼 그렇게 말하면 되겠네. '오른쪽 어깨가 아프다.'라고 말이야. 참, 수치를 해 봐야지. 얼마? 1에서 10까지 중에서 말이야. 아까 처음에 허리를 할 땐 4였는데 그것과 비교해 보면 어때? 그 정도 되는 것 같아?"

"아. 그것은 아닌 것 같고…. 3 정도 하면 어떨까? 허리 때보다는 약간 덜한 것 같긴 해. 그래도 불편하긴 하지만."

"알았어. 그럼 3이라고 해 놓고, 시작해 보자. 우선 쥠쥠 손동작, 그리고 시선위치를 잊지 말고…. 준비… '나는 오른쪽 어깨가 아프다.'라고 계속해서 말하는 거야. 시작!"

"나는 오른쪽 어깨가 아프다." (10회 반복함)

"엄마, 이제 됐어. 그만… 그리고 날 봐. 어깨의 느낌이 어떤지 느껴 봐."

"신기하네. 이번에는 한 번에 없어졌어. 이제 괜찮아. 봐… 이 어깨, 아까는 내가 이렇게 하지 못했잖아. 내 오른쪽 팔을 이렇게까지 높이 들지를 못했잖아. 이제 봐. 팔이 올라가잖아. 야, 너무 신기하지 않니?"

"맞아, 엄마. 정말로 신기하네. 팔이 올라가고 쉽게 돌아가네. 이렇게 돌려 봐. 맞아. 이렇게 돌아가잖아. 아까 엄마를 처음 볼 때부터 오른쪽 팔이 부자유스러운 것을 보긴 했어. 그런데… 아, 이제 돌아가고 잘 움직이고… 그런데 불편한 느낌이 없어, 그래?"

"앞에서 '외로움'을 할 때나 '허리'를 할 때는 그래도 설마 하는 마음이 있었지. 그런데 그 두 가지가 그렇게 좋아지는 것을 경험하면서 이젠 확실히 믿음이 생겼어. 이것도 믿음을 갖고 하면 더 잘되나 보네…. 맞아 확실히 한 번 만에 괜찮아졌어. 정말로 너무 신기하다. 나도 내 친구들이나 특히 옆집에 사는 언니에게 이것을 좀 해 봐야겠어. 내 친구들도 나처럼 여기저기 불편한 곳이 많아. 너도 알잖아. 나보다 몇 살 많아서 내가 언니라고 부르는 옆집의 언니도 허리와 무릎이 많이 힘들어. 한참 전에 자식들 시집 장가 다 보내 놓고 뒤늦게 이혼을 한 후에 나처럼 혼자 사는데, 좀 불쌍해. 그런데 다행히 성격이 낙천적이어서 본인은 씩씩하게 잘 지내는데, 그렇게 몸이 불편하니 아무래도 좀 힘이 들지. 그러니 내가 불쌍하다는 것이지."

"그래요, 엄마도 이제 그런 분들에게 도움을 주면 되겠네. 그럼 나에게 잘 배워야지. 내가 한 번 정리를 해서 가르쳐 드릴까?

"그래, 그렇게 해 주면 좋지. 하긴 오늘 내가 세 가지로 해서 효과를 봤으니 내가 해 본 대로 하게 하면 될 거 아니야. 맞지?"

"그럼, 맞아. 사실은 애들 아빠도 나에게 배워서 어제 회사에서 써먹었지. 그러니 누구나 쉽게 배우고 써먹을 수 있어. 엄마도 당연히. 엄마는 머리가 좋잖아. 연세가 조금 있긴 하지만 아직은 뭐, 팔팔하잖아. 맞지?"

"아무렴 너희들만 하겠냐마는 아직은 쓸 만하다고는 생각하고 있지. 그러나 저러나…. 일단 손동작은 쬠쬠 하는 것, 맞지? 그리고 눈은 정면을 똑바로 보고…. 그러면서 좌우의 쬠쬠 동작을 동시에 볼 수 있도록 하는 것, 맞지? 맞아. 이게 자칫 놓치기 쉬운 것 같아. 하다 보면 고개를 돌리게 되고 어떨 때는 앞을 보느라 옆은 못 보게 되고 말이야. 그래서 나도 실수를 하긴 했지만."

"맞아, 엄마. 사실은 나도 정식으로 배우거나 경험이 많은 것이 아니어서 확실하게 가르칠 수는 없지만, 그래도 TV 프로그램에서 하는 것을 봤으니까 그게 큰 것 같아. 그리고 나도 효과를 봤지만 나에게 배운 아이나 남편이 효과를 보았으니 이만하면 나도 전문가가 된 것 같아?"

"맞아, 너 대단하다. 그래, 오늘 너에게 잘 배웠다. 그런데 참, 어디가 아프다니 뭐니 하는 말은 그대로 하면 되는 거야? 그런데 아픈 것을 자꾸만 아프다고 하면 더 아프게 되는 거 아니야? 차라리 안 아프다고 해야 하는 것이 아닌가 싶네?"

"응, 그것은 나도 확실히는 모르겠지만 그냥 어린이가 엄마에게 칭얼대듯이 자기가 경험하고 있는 안 좋은 것을 그대로 말하면 돼. 그러니까 불안하면 '불안하다'고 하고 힘들면 '힘들다'고 하고 또 누가 미우면 '밉다'고 하고 그렇게 말이야. 어린이는 포장하지 않고 있는 그대로 엄마에게 말하거나 불편한 것에 대해서 있는 그대로 칭얼대고 하잖아. 그래서 아프면 '아프다'고, 구체적으로 어디가 아프다고 말하는 것이 좋지. 아까 '오른쪽 어깨가 아프다.'고 구체적으로 말했듯이."

"그런데 아까 끝에 말을 바꾼 것은 왜 그러냐? 그것은 무슨 술수야?"

"술수는 무슨…. 확실히는 잘 모르겠지만 좀 재미있게 하려고 하

는 것 같아. 같은 것을 계속 반복하면 지루하잖아. 그래서 그런 변화를 줘 보는 것이 아닐까 싶어. 나도 흉내를 내봤는데 먹히네. 그리고 또 처음에 효과가 별로 생기지 않을 때 그렇게 하다가, 그 방법이 조금 더 어렵고 헷갈리기 쉬우니까 효과가 더 잘 생기는 것 같기도 해. 아까도 엄마가 그랬잖아. 다리미인지 미장원인지, 그런 것하고부터 확실히 더 좋아졌잖아. 그치?"

"맞아, 그런 것 같아. 알았어. 이제 나도 선생이 되겠다. 당장 내일 옆집 언니에게 써먹어 봐야겠다. 고마워, 내 딸!"

Part 2

기법편

여기에서는 이 책의 주제인 찜찜기법을 사용하는 방법을 소개하였다. 처음에는 현실적으로 찜찜기법이 왜 필요한지에 대해서 설명을 하였다. 그리고 찜찜기법을 활용하는 과정과 방법을 구체적으로 소개하였다. 뿐만 아니라 찜찜기법을 다양하게 변형하여 활용할 수 있는 추가적인 방법들도 함께 소개하였다.

04 쫌쫌기법의 필요성

우리는 누구나 일상에서 스트레스를 경험할 수 있다. 그러나 스트레스를 극복하기는 쉽지 않다. 하지만 여기에 보다 쉽게 스트레스를 극복할 수 있는 방법을 소개한다. 이 방법은 누구나 따라할 수 있으며 쉽게 익힐 수 있는 방법이면서 효과도 좋고 빠르다.

쫌쫌기법이 필요할 때는 언제인가?

사실 쫌쫌기법이 필요한 것은 스트레스를 경험하고 있거나 심신의 불편함을 겪고 있을 때이다. 우리는 언제라도 그런 문제를 겪고 있으면서 그 상태에서 벗어나서 편안함을 느끼고 싶을 때 쫌쫌기법을 사용할 수 있다. 구체적으로 우리가 쬠쬠기법을 필요로 하는 상황의 예를 들면 대표적으로 부정적 정서를 경험하거나 통증이 있을 때와 같은 경우이다.

║║부정적 정서를 경험할 때║║

부정적 정서의 예를 들면 분노, 억울함, 속상함, 우울, 슬픔, 자신감 상실, 두려움, 공포, 불안, 외로움, 죄책감, 미움, 원망, 걱정, 염려, 열등감과 같은 감정들이다. 일상생활을 하는 가운데 누구나 이와 같은 감정적 경험을 할 수 있다. 이때 우리는 이런 감정 때문에 스트레스를 느끼면서 고통받게 된다. 이러한 경우에 쬠쬠기법을 활용함으로써 편안한 감정상태로 되돌아갈 수 있다.

║║통증이 있을 때║║

우리는 이런 저런 이유로 통증을 경험할 수 있다. 그럴 때도 쬠쬠기법이 효과를 발휘할 수 있다. 통증의 예로는 다음과 같은 것들이 있다. 두통, 요통, 견비통, 복통, 생리통, 관절통, 기타 각종 신체 부위에서의 통증이다.

그 밖에 마음이 불편할 때

하지만 이상과 같은 경우 외에도 우리는 다음과 같은 경우에 이런저런 마음의 불편함이나 스트레스를 경험할 수 있는데, 이럴 때에도 쫌쫌기법은 효과를 미칠 수 있다.

- 원하거나 바라는 바를 이루지 못했을 때
- 하기 싫거나 피하고 싶은 일 또는 과제가 있을 때
- 밉거나 싫은 사람이나 대상이 있을 때
- 무섭거나 두려운 대상, 공포의 대상이 있을 때
- 과거의 특정 기억이나 경험 때문에 힘이 들 때
- 기타 심신의 불편함이나 고통, 상처 등이 있을 때
- 시험, 발표, 미팅, 협상과 같은 어떤 일을 앞두고 불안, 두려움을 느낄 때
- 어떤 이유로든 집중이 잘 안 될 때
- 피곤함, 졸림, 의욕상실, 귀찮음, 식욕부진과 같은 심신의 상태를 경험할 때

05 쬠쬠기법의 전체 과정

쬠쬠기법의 전체 과정을 간단히 요약하면 대략 다음과 같다.

준비 단계

준비 단계는 기본 단계를 적용시키기 전에 미리 준비하는 단계이다. 이 단계에서 가장 먼저 할 일은 해소하기를 원하는 불편사항 또는 스트레스를 확인하는 것이다. 사실 이 필요성 때문에 힐링 과정이 필요한 것이므로 이 단계가 시작이라고 할 수 있다.

둘째, 그 불편함의 정도가 얼마인지 불편지수를 정해야 한다.

기본 단계

첫째, 기본 자세를 취한다.

둘째, 기본 자세 상태에서 쫌쫌 자세를 취하여 쫌쫌 동작을 한다.

셋째, 주변 시야 상태를 유지한다.

넷째, 불편사항을 말로 표현하기를 10~20초 정도 계속 반복한다.

평가 단계

첫째, 모든 자세와 동작을 멈춘다.

둘째, 불편지수를 확인한다. 그리고 그 지수가 처음에 비해서 얼마나 낮아졌는지 확인하고 1회 힐링의 효과를 평가한다.

보충 단계

첫째, 앞에서 불편사항이 만족한 수준으로 개선되고 힐링되었다면 종료를 해도 좋지만 그렇지 않다면 더 필요한 만큼 앞의 과정을 계속적으로 반복한다. 이때 불편사항에 대한 표현문구를 적절히 변화시켜도 좋고 반복하는 시간을 10초 정도 더 늘려서 해도 좋다.

둘째, 기본과정을 반복함으로써 보충적인 힐링 작업을 하는 동안에 처음의 불편지수에 비한 효과의 크기를 확인하고 평가하라. 그렇게 하는 동안에 불편사항이 만족할 정도로 해소되었다고 판단 될 시에는 종료해도 좋다.

셋째, 원한다면 추가적으로 다른 불편사항에 대한 힐링 작업을 다시 시작해도 좋다.

이상의 과정에 대해서 좀 더 구체적으로 설명하면 다음과 같다.

당신의 불편사항은 무엇인가?

우리는 누구나 스트레스를 경험하면서 살아간다. 마음의 그림 자에 해당하는 스트레스는 우리를 힘들게 하고 불편하게 한다. 그 리고 스트레스는 스트레스로 끝나지 않고 삶의 질을 떨어뜨리며 일상적인 능력을 제대로 발휘하지 못하게 한다. 뿐만 아니라 만병 의 원인으로도 작용한다. 그래서 스트레스는 빨리 해소하는 것이 좋다.

먼저 당신이 해소하기를 원하는 스트레스 또는 불편사항을 확인 하라. 여기서 불편사항이란 당신에게 심신 차원에서 불편함을 느 끼게 하는 것을 말한다. 심신의 스트레스로 느끼는 모든 것이 불편 사항에 해당한다. 불편사항은 심리적인 것과 신체적인 것으로 구 분될 수 있다. 그리고 심리적인 것은 각종 스트레스와 함께 불안, 두려움, 화, 분노, 부끄러움 등과 같이 원하지 않는 기분, 감정, 정

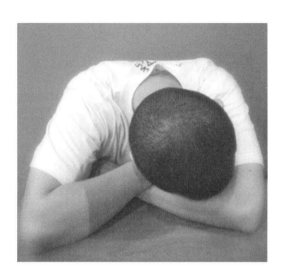

서를 말한다. 또한 자신을 불편하게 만드는 기타의 심리적인 문제들이 있을 수 있다.

반면에, 신체적으로 경험할 수 있는 불편사항은 대표적으로 두통, 허리통증 등과 같은 신체적 통증 등을 꼽을 수 있다. 그리고 기타 신체적으로 불편함을 느끼게 하는 여러 가지 증상들이 해당할수 있다. 다만 모든 불편사항은 스스로 느끼는 것으로 주관적인 것이기에 다른 사람들과 비교할 필요도 없고 남들에 의해서 확인받을 필요도 없다. 불편사항은 스스로 느끼고 경험하는 불편함을 말한다.

불편사항을 확인했다면 이번에는 그것을 다음의 예문과 같은 하나의 문장으로 간단히 표현해 보자.

"나는 불안하다."

"나는 외롭다."

"나는 슬프다."

"나는 화가 난다."

"나는 ○○○가(이) 밉다(싫다, 못마땅하다, 마음에 안 든다, 보기 싫다).

"나는 ○○○가(이) 아프다."

"나는 ○○○가(이) 쑤신다."

"오른쪽 뒷머리가 아프다."

"소화가 잘 안 되고 속이 더부룩하다."

"가슴이 답답하다."

"아랫배가 묵직하다."

"오른쪽 어깨가 찢어지듯이 아프다."

"나는 고양이가 싫다."

"청소하는 것이 귀찮다."

　사실 이런 표현들은 마치 어린이가 엄마에게 자신의 불편함을 호소하는 또는 어리광을 부릴 때 사용하는 표현과 같다고 할 수 있다. 그러니까 그냥 단순하게 자신의 불편함을 말로 표현하는 것이다. 불안하면 "불안하다."고, 어디가 아프면 "어디가 아프다."고, 무엇이 싫다면 "무엇이 싫다."고, 무엇이 힘들면 "무엇이 힘들다."고 그냥 아이가 엄마에게 투정부리고 떼를 쓰듯이 말하면 되는 것이다.

　흔히 자기개발 프로그램이나 '시크릿'의 원리에서는 긍정적으로 표현하고 말하기를 강조한다. 그래서 "성공하고 싶다." "건강하고 싶다." "마음이 평화롭고 편안해졌으면 좋겠다."와 같은 표현처럼 긍정적 상태를 상상하고 그것을 말로 하도록 권한다. 이들 표현들은 희망하는 목표를 설정하고 그쪽 방향으로 나아가고자 하는 마음을 담고 있다.

하지만 여기서 한 가지 빠진 것이 있는데 그것은 곧 현재적 출발지다. 즉, 현재 상태가 없고 목표만 있다는 것이다. 그래서 쫌쫌기법은 오히려 현재 상태, 즉 부정적 상태에서 출발하고 그 출발지를 인정하는 것이다. 쫌쫌기법은 희망사항이나 목표를 말하는 것이 아니라 비록 부정적인 것이지만 현재의 불편사항, 스트레스 상태를 인정하면서 그것에서 벗어나고자 하는 것을 목적으로 삼는다.

그러므로 부정적인 현재의 불편한 상태를 객관적으로 인식하고 그것을 있는 그대로 말로 표현하도록 하는 것이다. 마치 어린아이가 엄마에게 어디가 어떻게 아픈지를 있는 그대로 호소하고, 환자가 의사 앞에서 자신의 고통에 대해 있는 그대로 설명하듯이 말이다.

그런데 그렇게 고통이나 불편한 상태를 표현하더라도 경우에 따라서는 그 내용을 좀 더 구체화할 필요가 있다. 때때로 좀 더 명확한 의미전달을 하기 위해서 "○○○ 때문에" "○○○해서" "○○○하(이)기에"와 같은 이유에 해당하는 내용을 첨부하는 것이 좋을 때도 있다. 예를 들면, 다음과 같다.

"나는 이번 시험 때문에 불안하다."
"나는 나의 잘못이 없는데도 야단을 맞았기 때문에 억울하다."

"나는 사람들이 나를 무시하기 때문에 사람들 만나기가 두렵다."

"다음 주에 발표를 할 생각을 하니 가슴이 두근거린다."

"이번에 승진시험에 또 떨어질까 봐 걱정이 많이 된다.

"어제의 교통사고 때문에 운전하는 것이 겁이 난다."

"이와 같은 일을 반복하자니 짜증이 난다."

"늘 나만 야단맞으니 속상하고 분해."

"어제부터 계속 배가 아파서 괴롭고 걱정돼."

"열심히 공부를 해도 성적이 오르지 않으니 이런 내가 미워."

"예쁜 여자만 찾는 남자들 때문에 살기가 싫어."

"나만 보면 화를 내는 ○○○ 때문에 회사에 가기 싫어."

"과거의 실패 기억 때문에 자신감이 없다."

"그 사람만 생각하면 가슴이 두근거리고 불안하다."

"사람들이 나에 대해 나쁜 소리를 할까 봐 사람들을 만나기 싫다."

　문장은 최대로 간단하게 할 것이며, 한 문장에는 한 가지 주제의 내용만 포함되도록 하는 것이 좋다. 그래서 한 가지의 불편사항이 뚜렷이, 그리고 구체적으로 부각되도록 할 것이며 필요하다면 그러한 불편함의 이유나 원인이 무엇인지도 한 가지로 단순하게 그리고 구체적으로 표현한다.

불편함은 어느 정도인가?

불편함의 정도를 불편지수라고 할 수 있다. 불편지수는 1에서 10까지의 점수로 수치화하여 표시할 수 있다. 이 불편지수는 현재 상황에서 자신이 느끼는 주관적인 불편함의 정도를 말해 주는 것이다. 그래서 우리는 어떤 사람의 불편지수를 알면 그가 현재 어느 정도의 불편함을 경험하는지 이해하는 데 도움이 된다.

여기서 주의할 것은 평소에 그 불편함을 얼마나 경험하는지를 말하는 것이 아니라는 점이다. 오히려 지금 현재 순간에 주관적으로 느끼고 경험하는 불편함을 스스로 판단하여 규정해야 한다는 점을 기억할 필요가 있다. 무엇보다도 이 불편지수는 주관적인 것이기 때문에 다른 사람이 정해 줄 수 있는 것도 아니고 객관적인 도구로 알아볼 수도 없는 것이다.

여기서 아무런 불편함이 없거나 불편함을 느끼지 않는 상태를 0이라고 할 때 불편함의 정도가 최고조에 이른 상태를 10이라고 가정할 수 있다. 그리고 약간의 불편함을 감지하는 상태가 1에 해당하며 점수가 높아질수록 불편함의 정도도 높은 것을 의미한다고 할 수 있다.

그렇다면 당신이 현재 경험하는 불편함의 정도는 얼마인가? 일단 그 수치를 확인해 보라. 이것은 주관적인 것으로 스스로 규정하는 것이기 때문에 다른 어떤 사람도 그 수치에 대해서 평가할 수는 없다. 다만 다른 사람이라 하더라도 이런저런 질문을 통해서 불편

불편지수	내용
10	최악의 상태
9	아주 힘들고 고통스러움
8	불편함이 크고 상당히 고통스러움
7	제법 불편함을 느끼고 걱정이 됨
6	일상 생활에서 신경이 제법 쓰임
5	다소 불편한 상태
4	(다소 의식이 되면서 신경이 쓰임)
3	약간 불편한 상태
2	약간 의식이 되지만 견딜 만한 정도
1	
0	이상이 없는 정상 상태

함의 정도를 좀 더 명확하게 규정하게 하는 데 도움을 줄 수는 있을
것이다.

이러한 불편지수를 미리 파악해 놓는 것은 힐링이 끝난 후의 결
과와 비교할 수 있는 기준이 될 수 있기 때문에 유용하고 중요하다.
다시 말해서, 힐링을 시작하기 전에는 불편지수가 5였지만 힐링을
마쳤을 때는 불편지수가 3이 되었다면 결과적으로 힐링을 통하여
2 정도의 개선이나 호전이 있었다고 평가할 수 있을 것이다. 그리
고 처음에는 8이었는데 나중에는 4가 되었다면 4만큼의 효과가 있
었다고 평가할 수 있게 될 것이다.

결과적으로 이러한 불편지수를 미리 정함으로써 힐링 전과 후의
객관적인 비교가 가능하게 되어 효과성을 평가하기가 쉬울 것이
다. 아울러 주관적으로 경험하는 불편 정도라 하더라도 수치를 통

해서 그러한 불편 정도를 좀 더 객관화하는 데 도움을 얻을 수 있게 된다. 특히 집단적으로 힐링을 할 때는 그러한 객관화가 상호 비교하는 데도 아주 유용하다.

||| 기본 자세 |||

기본 자세는 어떤 자세든 상관없다. 즉, 의자에 앉은 자세도 좋고 맨바닥에 앉는 자세도 상관없다. 경우에 따라서 선 자세를 유지하는 것도 전혀 문제가 되지 않는다. 중요한 것은 어떤 자세를 취하든 스스로 불편하지 않고 이완되고 편한 자세를 유지할 수 있으면 된다.

그다음에 중요한 것은 앞쪽으로, 즉 정면을 바라볼 수 있으면 좋다. 또한 정면에 시선을 고정할 수 있는 어떤 점이나 대상이 있으면 좋다. 그러므로 기본 자세는 정면을 향하고 편한 자세를 취하되 시선을 고정할 수 있는 점이나 대상을 한 가지 정하여 바라보는 것이라고 할 수 있다.

||| 쥠쥠 자세와 주변 시야 상태 |||

두 손을 들고 좌우의 눈 옆으로 자신의 어깨넓이보다 조금 더 넓게 10~20cm 정도 벌려 보라. 그리고 두 손의 주먹을 쥐었다가 펴는 쬠쬠 동작을 해 보라. 그리고 얼굴과 눈은 정면을 향한 채 좌우의 쬠쬠 동작이 동시에 시야에 들어올 수 있도록 자세를 잡아 보라. 다시 말해서 시선을 정면을 향한 상태에서 좌우의 쬠쬠 동작을 동시에 볼 수 있어야 한다는 점을 명심하라. 이 상태를 바로 '주변 시야 상태'라고 말할 수 있다.

이 경우에 억지로 잘하려고 할 필요는 없다. 왜냐하면 이것은 결코 어려운 것이 아니기 때문이다. 물론 처음에는 다소 어색하고 불편할 수 있겠지만, 이완된 상태에서 자연스럽게 시선은 정면으로 향해 있지만 좌우의 쬠쬠 동작이 동시에 두 눈에 들어오는 상태를 유지하는 것이 중요하다. 이때 눈을 깜빡이는 것 외에는 눈동자를 다른 방향으로 움직여서도 안 된다. 또한 눈에 힘을 주는 식으로 긴장해서도 안 되고, 쬠쬠 하는 손에 힘이 들어가거나 긴장 상태를 유지할 필요도 없다. 그야말로 이완되고 자연스런 자세와 상태를 유지하는 것이 필요하다.

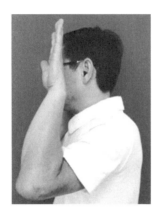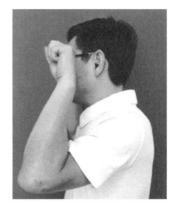

||| 불편사항을 말하기 |||

앞에서 불편사항을 말로 표현하는 것에 대해서 이미 설명을 하였다. 따라서 여기서는 그에 대해서 더 이상 상세한 설명을 할 필요는 없을 것이다. 다만 이 단계에서는 쫌쫌 동작을 하는 동안에 독백

하듯이 자신의 불편사항을 반복하여 말로 표현하면 된다.

||| 평가하기 |||

10~20초 정도 진행된 후에 쬠쬠 동작과 말을 멈춘다. 그리고 불편지수를 확인해 보라. 처음의 불편지수와 비교하고 평가해 보는데 이를 통해서 자신의 불편사항 또는 스트레스의 정도가 얼마나 감소되었는지, 즉 얼마나 힐링이 되었는지를 확인해 볼 수 있다.

||| 보충 힐링 |||

평가 결과에 따라서 더 필요하다고 생각된다면 보충적인 힐링 작업을 계속할 수 있다. 그리고 스스로 만족할 만한 수준이 되었을 때 힐링 작업을 완료할 수 있다. 이 경우에 모든 과정은 앞과 동일하다. 다만 말로 표현하는 부분에서는 다음의 예문과 같이 다소의 변화를 줄 수 있다.

"나는 여전히 _____하다."
"아직도 _____가(이) 아프다."
"_____의 문제(불편함, 통증, 불안, 분노, 두려움…)가 여전히 남아
 있다."

"약간 남은 _____ 문제(불편함, 통증, 불안, 분노, 두려움⋯)"

"여전한 _____ 문제(불편함, 통증, 불안, 분노, 두려움⋯)"

그리고 필요하다면 쫌쫌과 언어표현의 시간을 10초 정도 더 연장해도 좋다.

한편 이상과 같이 시행했음에도 더 이상의 효과가 없다고 판단되면 자신의 문제나 불편사항을 좀 더 구체화하거나 그 문제와 관련한 원인에 해당하는 것에 집중해 보기를 바란다. 그리고 그 원인을 중심으로 좀 더 명확하게 초점을 맞추면서 추가적으로 시행해 보기를 권하는 바다. 그렇게 했을 때 의외의 효과를 거둘 때도 많기 때문이다.

||| 보충 힐링 과정에서의 참고사항 |||

쫌쫌기법은 간편용이기 때문에 모든 것을 단순화시켰다는 장점이 있다. 그러나 경우에 따라서 제시된 방법에 따라 시행했는데도 전혀 효과가 없거나 일정한 정도 이상으로 효과가 발생하지 않을 수도 있다. 그럴 때에는 불편사항으로 내세운 문제의 원인들을 생각해 볼 필요가 있다. 그리고 그 원인에 초점을 맞추면서 다시 기법을 적용해 보면 의외의 효과를 거둘 수도 있다.

예를 들어, 어떤 사람이 현재 불안한 마음과 가슴 두근거림 때문에 힘들어하다가 쥠쥠기법을 통하여 도움을 받고자 하였다. 그래서 그는 배운 대로 "마음이 불안하고 가슴이 두근거린다."라고 말하기를 반복하였다. 그러나 별로 효과를 보지 못하였다. 그래서 왜 그럴까 생각을 해 보니 내일 있을 면접시험 때문에 긴장해서 불안과 가슴 두근거림이 생겼다는 점을 깨닫게 되었다.

그는 자신의 그러한 심층적인 심리에 대해 알고 난 뒤 이번에는 다시 "나는 내일 있을 면접시험 때문에 걱정된다."라고 말을 바꾸어서 다시 쥠쥠기법을 시행하였다. 그렇게 말의 내용을 바꾼 결과 뜻밖에도 금방 효과를 볼 수 있었다. 다시 말해, 그는 그런 새로운 시도를 하는 가운데 곧바로 마음이 편안해짐을 느낄 수 있었다는 것이다.

다행으로 생각하고 그는 다시금 자신의 문제에 대해서 생각을 해 보았다. 면접시험을 자신 혼자만 보는 것은 아닌데, 그리고 자신으로서는 처음 보는 것도 아닌데 왜 긴장하는지에 대해서 그 이유를 생각해 보았다. 그랬더니 자신이 최근에 몇 번 연속적으로 실패한 면접시험에 대한 기억이 떠올랐다. 그래서 그는 '이번 면접시험에서 또 떨어지면 어떻게 하나?'라는 마음에서 스스로 긴장이 되는 것으로 판단되었다. 그래서 이번에는 "최근에 몇 번 연속적으로 면접시험에 실패한 것 때문에 속상하고 앞으로의 면접이 두려워진다."라는 식으로 말을 하면서 쥠쥠기법을 시행하였다. 그랬더니 역시 마음이 편해졌다.

또 다른 예를 들어보자. 어느 30대 주부는 5년간 연애를 한 끝에 결혼한 지 7년이 된 남편과의 사이에서 불편함을 겪고 있었다. 사실 그녀와 남편은 평소에는 사이도 좋고 애정도 깊었다. 아내로서 남편을 사랑하고 존중도 하는 편이다. 그럼에도 그녀가 남편에게 불편함을 느끼는 주된 이유 중의 한 가지는 남편이 조금만 큰 소리로 이야기를 하거나 자신을 나무라는 투로 말을 해도 심하게 불안을 느끼고 남편에 대해서 두려워한다는 점이었다.

그래서 그녀는 쬠쬠기법을 배우고 처음으로 시도한 것이 바로 "남편이 무섭다."는 것이었다. 그랬는데 생각보다 남편에 대한 마음이 잘 바뀌지 않았다. 그녀는 '왜 그럴지'에 대해서 좀 생각을 해봤다. 그런 가운데 그녀는 "큰소리로 말하는 남편이 무섭다."라고 하면서 말을 바꾸어 보기로 하였다. 그리고 쬠쬠기법을 시행한 결과 다소 마음이 편안해지는 것을 느낄 수 있었다. 재미있는 것은 그렇게 조금씩 효과를 보는 가운데 스스로를 분석하게 되었다는 것이다. 그녀는 남편의 목소리에 대해서 자신이 왜 그렇게 민감한지 궁금해졌다. 그리고 또한 남편이 조금만 나무라는 투로 이야기를 해도 심한 불안을 느끼는 이유를 스스로 이해할 수 없었다.

다행히도 시간이 얼마 지나지 않아서 스스로 답을 찾을 수 있게 되었다. 친정 아빠의 얼굴이 떠올랐다. 친정 아빠는 성격이 급하신 분이다. 그래서 모든 것이 아빠가 원하는 대로 되지 않으면 곧바로 화를 내고 소리를 지르는 편이다. 그런 아빠 밑에서 성장하는 가운데 딸로서 많이 긴장하고 불안했던 기억을 떠올릴 수 있었다. 그녀도 아빠를 좋아하고 따르지만, 아빠가 목소리가 클 때는 그런 아빠가 무서워서 피했던 기억해낼 수 있었다. 그래서 왠지 아빠에게 가까이 가기가 주저되었었는데, 평소에 자신이 왜 그런지에 대해서 별로 생각을 해 보지 않았다. 그런데 이제 그러한 모든 것이 이해가 되기 시작하였다.

그래서 그녀는 이번에는 "큰소리치는 아빠가 무섭다."는 식으로 말하면서 쬠쬠을 하였다. 몇 차례 쬠쬠을 반복하는 가운데 갑자기 눈물이 나기 시작하였다. 마음이 풀리면서 그녀의 마음에서는 갑자기 아빠가 불쌍하다는 생각이 들었다. 왜냐하면 아빠는 자수성가한 분으로, 막노동을 하면서 세상과 더불어 너무도 힘들게 사셨다는 사실을 깨달았기 때문이다. 그리고 아빠에 대한 미안한 마음과 측은한 마음까지 들면서 눈물이 났다. 그와 함께 더 이상 아빠에 대한 두려움이나 불안의 마음은 사라짐을 느낄 수 있었다. 대신에 원래의 아빠를 좋아했던 마음과 그리움이 솟아오름을 느낄 수 있었다.

이상의 예처럼 쬠쬠기법은 기계적으로만 사용해서는 안 될 때가 있다. 마음의 흐름에 따라 자신을 돌아보는 가운데 그때그때 표현하는 말이나 문구를 바꾸면서, 때로는 좀 더 구체적인 내용과 문제의 원인에 해당하는 사실들을 떠올리고 그러한 것에 대해 말을 할 수 있으면 더욱 효과적일 수 있다.

▌▌▌주의할 점▌▌▌

쬠쬠기법을 활용함에 있어서 반드시 이해하고 기억해야 할 주의 사항 한 가지가 있다. 쬠쬠기법은 누구나 간편하게 사용할 수 있는 셀프힐링용 기법으로 병을 치료하거나 의학적 처치를 대신하는 것은 아니라는 것이다. 다시 말해서, 심각한 증상이나 질환으로 인한 고통의 문제를 갖고 있는 사람이라면 쾜쾜기법을 통하여 통증을 감소시키고 불편한 마음이나 스트레스를 해소하는 데 크게 도움을 얻을 수는 있을 것이다.

하지만 그렇다고 해서 근본적인 치료가 된다고는 할 수 없기에 완전한 치료를 위해서는 반드시 전문가를 찾아서 진단과 함께 전문적인 치료를 받아야 할 것이다. 따라서 쾜쾜기법이 모든 질병이나 증상을 치료하는 것이 아니라는 점을 분명히 이해하기 바란다.

마지막으로 지금까지 설명한 쾜쾜기법을 활용하는 전체적인 과정을 좀 더 잘 이해할 수 있도록 하기 위해 그 내용을 도표화하면 다음과 같다.

찜찜기법의 전체 과정표

단계	순서	주제	내용
I. 준비 단계	1	불편사항	해소하고 싶은 불편사항을 확인하라.
	2	불편지수	불편지수를 정하라(1~10).
II. 기본 힐링 단계	3	기본 자세	정면을 향하되 시선을 고정할 수 있는 하나의 점(대상)을 정하라.
	4	찜찜 자세	눈높이만큼 양 손을 좌우로 각각 들어 양쪽으로 어깨넓이 이상으로 벌린 상태를 유지하고 찜찜 동작을 하라.
	5	주변 시야	시선은 정면으로 향한 채 좌우 두 손의 찜찜 동작이 동시에 보일 수 있는 주변 시야 상태를 확보하라.
	6	언어표현	연속적으로 10~20초 정도 동안 찜찜 동작을 하면서 자신의 불편사항을 "나는 ____하다."라는 형식으로 반복해서 말하라.
III. 평가 단계	7	중지	모든 힐링 작업을 중지하라.
	8	평가	현재의 불편지수를 확인함과 동시에 그것이 처음의 불편지수에 비해서 얼마나 차이를 보이는지를 알아봄으로써 1회 힐링의 효과를 점검하라.
IV. 보충 힐링 단계	9	보충 찜찜	필요하다면 불편사항이 해소될 때까지 위의 기본 과정을 반복하라. 그 과정에서 말을 할 때 필요한 변화를 주어도 좋고 10초 정도 더 길게 반복해도 좋다.
	10	평가	처음의 불편지수에 비한 효과의 크기를 확인하라. 불편사항이 만족할 정도로 해소되었다고 판단될 시에는 종료해도 좋다. 그리고 추가적으로 필요한 힐링 작업을 다시 시작해도 좋다.

06 쫌쫌기법에서의 언어변화기법

언어변화기법이란 기본 쫌쫌기법을 적용하는 과정에서 불편사항에 대해 표현하는 말이나 언어를 다른 형태로 변화시키는 것을 말한다. 언어변화기법에는 여러 형태가 있는데, 중요한 것은 그렇게 함으로써 힐링의 효과를 높일 수 있다는 사실이다. 따라서 이들 기법을 잘 숙지하고 익힘으로써 기본 힐링 과정을 보완할 수 있을 것이다.

그런데 언어변화기법은 공통적으로 언어혼란법이라고 할 정도로 힐링 과정에서 혼란스러움을 만들어 낸다. 그리고 그러한 혼란 상태가 오히려 힐링의 효과를 만들어 낸다는 점이 이 기법의 특성이라고 할 수 있다. 따라서 그런 혼란에 대해서 이상하게 생각할 것이 아니라 오히려 당연하게 여기고 있는 그대로 받아들일 필요가 있다.

어차피 스트레스는 긴장과 관련되기 때문에 힐링을 위해서는 이완이 필요하다. 그리고 혼란 상태에서는 스트레스로 인한 긴장 상태에서 멀어지는 효과가 생기기 때문에 결과적으로 이완효과를 발휘한다. 따라서 혼란 상태 또한 힐링에 도움된다.

TV 프로그램이나 영화의 코미디나 개그 장면들을 보면 개그맨들이 연출하는 행동이나 사용하는 말들이 황당할 때가 많다. 그리고 그들이 예상 밖의 행동이나 말을 함으로써 당황스러움과 혼란스러운 분위기를 야기할 때도 있다. 하지만 이 모든 것은 오히려 웃음이나 폭소의 포인트가 되어 관객이나 시청자들은 박장대소를 하게 되는 것이다. 경우에 따라서는 그들의 행동이나 말이 상황이나 분위기에 전혀 어울리지 않기에 어이가 없거나 황당하기도 하여 오히려 웃음을 자아내게 할 때도 있다.

언어변화기법에도 그러한 요소들이 곳곳에 숨어 있어서 그런 개그의 효과와 같은 효과를 보일 수 있다. 다만 이들 기법들은 그것 자체로만 사용되지 않는다는 점이 쬠쬠기법의 장점이자 특징이다. 사실 그러한 언어기법들이 그 자체로만 사용된다면 전혀 가치가 없다. 오히려 주변 시야 상태와 쬠쬠기법과 함께 사용됨으로써 효과가 제대로 생기게 된다. 그래서 특히 언어변화기법에서 유발되는 혼란, 어이없음, 말이 되지 않음과 같은 상태는 곧 힐링 효과로 연결된다는 점을 이해할 필요가 있다.

결론적으로 다음에 소개할 고급언어기법에서 사용하는 기법들은 공통적으로 이색적이고 우스꽝스러우면서 따라 하기가 쉽지는 않겠지만 극대화된 힐링 효과를 위한 것이라고 할 수 있다.

‖‖ 끝말잇기 ‖‖

널리 알려진 TV 인기 개그 프로그램인 '개그콘서트'에서는 2012년에 '꺾기도'라는 코너가 매주 방송된 적이 있었다. 그 코너는 등장 개그맨들이 구사하는 독특한 언어적 기교 때문에 큰 웃음을 유발하였기에 장기간 아주 큰 인기를 끌면서 방영되었다. 그런데 웃음을 준 아이디어가 아주 기발하였다.

꺾기도의 핵심은 한 사람이 다른 상대방에게 일상의 언어 문장에서 마지막 단어의 끝말을 느닷없이 엉뚱한 다른 단어로 연결하여 끝내버리는 것이라고 할 수 있다. 그 과정에서 상대방은 원래 예상하거나 기대했던 것과는 전혀 다른 언어를 접하면서 혼란과 당황스러움을 겪게 되는데 바로 그 점이 뜻밖의 웃음을 유발하게 된다. 실제로 꺾기도에서는 매번 '모든 것을 뜬금없이 꺾어 상대방을 공황 상태에 빠져들게 하는 기술'이라고 소개하기도 하였다.

꺾기도에서 유행했던 표현의 예를 들어보면, 원래는 한 사람이 상대방에게 '안녕하십니까'라는 인사말을 하는 것으로 예상되거나 기대되는 상황에서 실제로는 엉뚱하게도 문장의 마지막에 '불이'라는 말을 붙인다. 그렇게 되면 원래 '까'로 끝나는 말의 뒤에 '불이'가 첨가됨으로써 결과적으로 '까불이'라는 단어로 문장이 끝나게 된다. 그래서 결국 '안녕하십니까'라는 인사말을 기대했던 상대방은 '안녕하십니까불이'라는 이상한 말을 듣고 황당해하는 모습을 보이게 되는데 이 장면에서 관객이나 시청자들은 폭소를 터뜨리게 된다.

TV의 꺾기도에서 개그맨들은 꺾기도를 연기할 때 엉뚱한 끝말과 함께 실제로 우스꽝스러운 동작을 해 보인다. 이 과정에서 꺾기도라고 하기에 어떤 무술과 관련한 몸 개그일 것이라고 기대하고 프로그램을 보던 시청자의 입장에서는 그것이 몸 개그가 아닌 완전한 '말장난'이라는 큰 반전 앞에서 문자 그대로 '공황 상태'를 경험하게 된다. 그 '공황 상태'라는 것이 시청자 입장에서는 뜬금없이 전혀 엉뚱한 끝말로 이어지는 '말장난' 앞에서 경험하는 '어이없음'의 상태인 것이다. 그리고 그것이 폭소로 이어진다.

이와 같은 폭소나 웃음은 당연히 힐링에 도움이 된다. 웃음치료라는 것이 일종의 그런 효과를 노리는 것이라고 할 수 있다. 그런 의미에서 개그맨들은 힐링에 도움을 주는 사람들이다. 실제로 영화나 TV의 코미디나 개그 프로그램들이 환자의 힐링에 도움을 준다는 연구 결과들은 많이 발표되어 왔다. 마찬가지로 웃음치료의 효과에 대한 학술연구의 결과들도 많이 있다.

쫌쫌기법에서의 끝말잇기도 그러한 꺾기도의 원리를 살린 것이라고 할 수 있다. 다만 기본적인 차이는 쫌쫌기법에서는 단순히 '꺾기'만을 하는 것이 아니라 주변 시야와 쫌쫌 동작이 함께 적용된다는 면에서 훨씬 효과적일 수 있다.

쫌쫌기법에서의 끝말잇기란 자신의 불편사항을 말로 표현할 때 앞서 소개했던 바와 같은 꺾기도를 구사하여 마지막 끝 글자에 전혀 엉뚱한 다른 글자를 첨가하여 말하는 것을 의미한다. 그래서 '불안하다'라고 말하는 대신에 '불안하다람쥐' 또는 '불안하다리미' '불안하다다익선' '불안하다중인격'과 같은 식으로 말을 하는 것이다.

이상과 같은 끝말잇기는 처음에 불안을 의미하여 말을 했던 것에서 전혀 엉뚱한 단어로 끝이 나는 결과로 이어진다. 그래서 결국에는 불안의 의미가 희석되거나 사라져 버리는 효과가 생기게 된다. 그리고 무엇보다도 새롭게 만들어진 문장 자체가 말이 되지 않는 난센스 문장이기 때문에 전혀 개념이 성립하지 않거나 이미지가 그려지지 않는다. 그렇게 됨으로써 불안과 관련한 원래의 심리는 사라지게 된다. 이러한 효과들은 신기하게도 무의식에서 작용하며 원래의 불안이 생각나지 않도록 하거나 불안 자체에 대한 느낌이 사라지도록 한다.

이것은 앞에서도 언급한 바와 같이 마치 맑은 물에 잉크방울을 떨어뜨렸을 때 볼 수 있는 경우와 비슷하다. 즉, 잉크방울은 처음에 아무리 진하다고 하더라도 물속에 들어갔을 때는 희석되어 버림으로써 더 이상 흔적을 찾기 어려운 법이다. 스트레스나 불편함의 문제들도 비록 처음에는 선명하고 크게 느껴졌을지라도 찜찜기법에서의 주변 시야 상태뿐만 아니라 끝말잇기와 같은 언어의 유희가 진행되는 동안에는 마치 물속의 잉크방울처럼 퍼져 나가 흔적을 찾기 어려운 상태가 될 수 있다.

끝말잇기에서는 한 번만 끝말잇기를 할 필요는 없다. 조금 더 진행된다면 끝말의 끝말을 또 이어 나가도 좋을 것이다. 그래서 예를 들어서 '가슴이 답답하다.'에서 '가슴이 답답하다람쥐'로 진행하다가 마지막 '쥐'에 '새끼'를 덧붙여서 '가슴이 답답하다람쥐새끼'와 같은 문장으로 만들어 버릴 수 있다. 이 경우에 그야말로 처음 문장과는 더욱 거리가 멀어진 전혀 엉뚱한 문장이 되어 버릴 수 있다. 그리고 이것이 반복될 때 오히려 마지막의 '다람쥐새끼'가 부각되면서 '답답한 가슴'에 대한 이미지는 사라져 버리기가 쉬워질 것이다.

‖‖‖ 거꾸로 말하기 ‖‖‖

이것은 문장을 뒤에서부터 거꾸로 말하는 것을 의미한다. 예를 들어, '학교에 가기 싫다.'는 말을 거꾸로 말하면 '다싫기가에교학'이 될 수 있다. '가슴이 답답하다.'의 경우는 거꾸로 말하면 '다하답답이슴가'가 될 수 있다. 이처럼 아무리 좋은 말도 거꾸로 하면 전혀 말이 되지 않고 의미도 와 닿지 않는다. 그렇게 함으로써 원래의 말이 갖는 의미나 이미지, 그리고 그것에 담긴 심리적 불편감을 희석시키고 파괴해 버리는 효과가 생긴다.

앞에서의 끝말잇기에서도 효과가 생겼지만 거꾸로 말하기에서도 신기하게 효과가 발생하게 된다. 그것은 곧 황당하면서 말이 되지 않는 언어로 인해서 생기는 효과라고 할 수 있다. 이러한 현상을 이론적으로는 이해하기 어렵다. 하지만 주변 시야 상태와 쩜쩜기법을 적용할 때의 심리적 상태는 아주 이완이 되고 멍한 상태, 즉 트랜스에 해당하는 상태라고 할 수 있다. 이때는 모든 이성적인 판단이나 논리가 힘을 잃고 사라지게 된다. 그리고 기존의 마음 상태도 무너지기 쉽다. 그래서 스트레스나 불편함의 마음 상태도 희석되고 흩어져서 흔적을 잃게 되면서 편한 마음의 상태가 만들어지게 된다.

||| 단어 바꾸기 |||

단어를 바꾼다는 것은 문장 속에 있는 특정 단어를 바꾸어서 말하는 것을 의미한다. 예를 들면, '허리가 아프다.'의 경우에 단어 바꾸기를 한다면 허리 대신에 '요리'를 대입하여 '요리가 아프다.'고 바꿀 수 있다. 또는 '그 사람이 밉다.'에서는 '그 사막이 밉다.'라는 식으로 바꿀 수도 있다. 물론 이렇게 단어를 바꾸어 버리면 의미가 완전히 달라질 뿐만 아니라 전혀 말이 안 되는 문장이 될 수 있다.

이처럼 단어를 바꾸는 것은 앞에서의 거꾸로 말하기와 끝말잇기의 경우처럼 원래의 문장 자체의 의미를 변화시키는 결과를 만들어 낸다. 다시 말해서, 그것은 스트레스나 불편한 사항과 관련한 원래의 문장이 가지는 부정적인 의미를 희석시키는 효과로 연결된다. 경우에 따라 단어 바꾸기는 원래의 문장이 엉뚱한 의미나 이미지를 가지는 말이 되게 하거나 이성적으로 전혀 의미가 없는 난센스에 해당하는 말이 되도록 하기 때문에 혼란을 조성하는 결과로 이어질 수도 있다. 하지만 이 모든 결과는 궁극적으로 원래의 스트레스 상태나 불편한 상태에서 벗어나도록 하는 데 도움이 된다.

단어 바꾸기를 통해 효과를 얻기 위해서는 문장 내의 특정 단어를 바꾸되 음운적으로 가장 유사하게 바꾸는 것이 좋다. 그리고 새로 만들어진 문장은 전혀 말이 되지 않도록 하거나 엉뚱한 의미가 되도록 하는 것이 바람직하다.

여기서 처음의 예문 두 가지를 중심으로 생각해 보자. 즉, 처음의 예문은 '허리가 아프다.'였다. 여기서 '허리'를 '요리'로 바꾸어 '요리가 아프다.'라는 새로운 말을 만들었다. '허리'와 '요리'는 음운적으로 유사하기에 단어 바꾸기의 좋은 예에 해당한다고 볼 수 있다. 그러면서도 동시에 전체 문장은 전혀 다른 의미가 되거나 아예 말이 안 되는 문장이 되었기에 효과적이라고 할 수 있다.

두 번째 예문은 '그 사람이 밉다.'였다. 여기서는 음운적으로 유사한 '사람'을 '사막'으로 바꾸었다. 그 결과 '그 사막이 밉다.'라는 문장이 만들어졌지만 이 문장 역시 처음과는 아무 관계가 없는, 전혀 다른 의미의 문장이라고 할 수 있다.

단어 바꾸기를 할 때는 반드시 특정 단어만 바꾸란 법은 없다. 어떤 단어든 적절한 대체단어가 있다면 얼마든지 여러 가지로 바꿀 수 있다. 어디까지나 창의성 있게 바꿀 수 있다. 예를 들어, 첫 번째 예문 '허리가 아프다.'에서 이번에는 '아프다'를 '아프리카다'로 바꾸는 것도 가능하다. 그래서 원래의 문장은 '허리가 아프리카다.'로 바뀌게 되는 것이다. 그리고 두 번째 예문 '그 사람이 밉다.'는 '그 사람이 맵다.'로도 바뀔 수 있는 것이다.

이렇게 단어 바꾸기가 숙달이 된다면 이번에는 단 한 단어만이 아니라 두 개 단어나 세 개 단어를 동시에 바꾸어도 크게 상관이 없다. 다만 원래의 부정적인 의미를 담은 문장 자체를 바꿈으로써 보다 효과적으로 혼란감을 조성하거나 원래의 부정적인 의미가 회석되거나 사라지도록 해야 한다는 점을 명심할 필요가 있다.

‖‖‖ 받침 떼기 ‖‖‖

받침 떼기는 문장 내의 모든 단어와 글자에서 받침을 제거하여 받침 없는 글자로 만들어 말하는 것이다. 예를 들면, ‘나는 발표불안이 있다.’는 문장의 경우에 받침을 모두 떼면 ‘나느 바표부아이이다.’와 같은 문장이 될 수 있다. 그리고 ‘아이가 말을 듣지 않아 화가 난다.’의 경우에는 ‘아이가 마으 드지 아아 화가 나다.’와 같은 문장이 만들어질 수 있다.

위의 두 예문에서 볼 수 있듯이 각각의 단어에서 받침을 모두 제거하면 아무런 의미도 없는 우스꽝스런 글자나 문장이 된다. 발음하기에도 어색하다. 그래서 결국에는 이 문장을 여러 번 말할 동안에 전혀 의미가 없는 말들을 하는 꼴이 되면서 원래의 의미가 사라지고 퇴색될 수밖에 없게 된다.

받침 붙이기

　받침 붙이기는 각각의 단어나 글자에서 받침을 떼는 받침 떼기와는 반대로 오히려 모든 단어나 글자에 무조건 받침을 붙이는 것이다. 받침을 붙일 때는 특정한 자음의 받침을 미리 정해 놓고 각 글자마다 동일한 받침의 글자가 될 수 있도록 통일해야 한다. 예를 들어, 'ㄱ' 받침을 붙이기로 했다면 기존에 받침이 있는 글자든 없는 글자든 상관없이 모든 글자에 'ㄱ' 받침을 붙이는 식으로 통일을 해야 한다. 이 경우에 기존에 받침이 있는 글자는 기존 받침 자리에 새로운 받침을 붙여야 한다.

　받침 붙이기의 예를 들면 다음과 같다. 즉, '나는 친구와 헤어져서 슬프다.'의 경우에 'ㄱ' 받침을 붙여 보자. 그렇게 되면 '낙는 칙국와 헥억져석 슥픅닥.'과 같은 새로운 문장이 만들어지게 될 것이다. 그리고 '뒷골이 당긴다.'와 같은 문장은 '뒥곡익 닥긱닥.'과 같은 문장으로 바뀌게 될 것이다.

　받침 붙이기의 경우에도 결과적으로 전혀 말이 되지 않는 문장이 만들어지므로 앞의 다른 기법에서와 마찬가지로 원 문장이 갖는 원래의 의미가 퇴색되거나 희석될 뿐만 아니라 문장 자체가 전혀 무의미한, 그러면서도 우스꽝스러운 것이 되어 버린다. 아울러 발음하기도 쉽지 않아지면서 혼란 상태가 조성되기도 쉽다. 이 모든 효과는 결국 힐링 효과로 연결될 수 있을 것이다.

　물론 앞에서도 밝혔듯이 위의 예문의 경우에 'ㄱ' 받침 대신에

'ㄴ'받침을 붙여도 좋다. 그렇게 되면 원래의 문장은 결국 다음과 같이 바뀜으로써 'ㄱ'받침을 붙였을 때와 같은 효과를 낼 것이다. '나는 친구와 헤어져서 슬프다.' → '난는 친군완 헨언전선 슨픈 단.' '뒷골이 당긴다.' → '뒨곤인 단긴단.'

주어와 목적어 바꾸기

이것은 문장에서 주어와 목적어를 서로 바꾸어 말하는 것이다. 예를 들어, '나는 고양이를 싫어한다.'라는 문장의 경우에는 '고양이는 나를 싫어한다.'로, '나는 시험이 싫다.'의 경우에는 '시험은 내가 싫다.'라는 형식으로 바꾸는 것을 말한다.

이런 경우에서 볼 수 있듯이 주어와 목적어가 바뀌어 버리면 전혀 다른 뜻이 되거나 경우에 따라서는 전혀 말이 안 되는 상황도 생기면서 원래의 의미가 상실되어 버릴 수도 있다.

노래기법

노래나 음악은 우뇌와 관련된다. 그래서 노래를 부르면 우뇌가 자극되는 효과가 생긴다. 일반적으로 사람들은 좌뇌를 많이 쓰는 경향이 있다. 그래서 우뇌를 자극하게 되면 좌우 뇌의 균형을 유지하는 데 도움된다. 그렇기 때문에 노래나 음악은 정서안정에 도움이 될 수밖에 없다. 그것이 바로 음악치료가 힐링의 효과를 보이는 이유가 되기도 한다.

노래기법이란 불편사항을 말로 표현하는 대신에 노래로 표현하는 것을 말한다. 예를 들어, '화가 난다.'는 스트레스 내용을 그냥 독백형태로 말로만 표현하는 대신에 곡조를 붙여 노래 부르듯이 표현하는 것이다. '화가 난다.'는 사실을 그냥 말로 하는 것이 아니라 노래를 부르는 형식으로 하게 되면 어떨까? 그러면 마치 오페라처럼 되겠지만 결과적으로 우습지 않을까?

물론 이때 곡조는 어떤 것이라도 상관없고 자유롭게 할 수 있다. 하지만 갑자기 곡조를 붙이는 것이 쉽지 않기 때문에 예를 들어 '학교종' '산토끼' '생일축하곡'처럼 누구나 잘 알고 쉽게 부를 수 있는 노래의 곡조를 붙이면 된다.

이처럼 노래를 부르게 되면 내용과 곡조가 전혀 맞지 않는 노래를 부르는 꼴이 되기 때문에 혼란스럽고 우스꽝스러울 수 있다. 그렇기 때문에 앞에서도 여러 번 밝혔듯이 노래 부르기를 통하여 유발되는 혼란과 우스꽝스러움 그 자체는 곧 힐링 효과를 보인다고 할 수 있다.

▌▌주의할 점 ▌▌▌

특히 언어기법에서 주의할 점은 어떤 경우든 처음에는 당황스럽거나 혼란스러울 수 있어서 기법에 따라 곧바로 따라하지 못하고 주춤할 수가 있다는 것이다. 이때 원래의 주변 시야 상태나 쫌쫌 상태에서 벗어나기가 쉽다. 잠시 주변 시야 상태를 멈춘다거나 딴 곳을 보거나 쫌쫌 동작 자체를 멈추면서 '정답'을 찾으려고 생각하느라 시간을 끌 수가 있다. 하지만 그렇게 해서는 안 된다. 다시 말해서, 잘하려고 하거나 '정답'에 맞추려고 할 필요가 없다는 것이다. 그냥 생각나는 대로 하되, 틀리면 틀리는 대로 쉬지도 멈추지도 말고 계속 진행해야 효과가 있다.

물론 대부분의 사람들은 일단 한두 번 멈추거나 쉬기도 한다. 그리고 다른 곳을 보면서 생각을 하고 정답을 찾으려 애를 쓴다. 그러나 여기서는 정답을 찾고 정확하게 하고자 하는 것이 목적이 아니다. 비록 틀리더라도 그냥 그렇게 하는 과정에서 뜻밖에 우리가 원하는 힐링의 효과가 난다는 것이다. 그것이 이들 기법의 신비성이라고 할 수 있다.

왜냐하면 기법에 따라 하는 가운데 스스로 '전혀 말이 안 되는' 말을 하는 상황이 연출되기 때문이다. 뿐만 아니라 그렇게 의미가 연결되지 않거나 난센스에 해당하는 새로운 말을 만들어 내는 것만 해도 정신이 없는데, 그와 동시에 주변 시야 상태를 유지하고 쫌쫌 동작을 계속적으로 반복하는 것 자체가 아주 혼란스럽기도 하기 때문이다. 그래서 이 모든 상황은 힐링의 효과를 만들어 낼 수밖에 없게 된다. 그러므로 효과를 위해서는 오히려 '혼란' 상황이나 '정신없는' 상황을 즐기도록 하는 것이 더 낫다.

07 쥠쥠안구운동기법

안구, 즉 눈동자는 인체의 기관 중에서 시각적 정보를 받아들이는 중요한 기관이다. 그런데 좌우에 한 개씩 있는 두 개의 눈은 신경적 차원에서 각각 좌뇌와 우뇌로 연결되어 있다. 즉, 왼쪽 눈으로 들어가는 정보는 우뇌로, 오른쪽 눈으로 들어가는 정보는 좌뇌로 전달되도록 눈과 신경계, 그리고 뇌의 관계가 성립되어 있다. 따라서 왼쪽 눈으로 이루어지는 운동은 우뇌를 자극하고 오른쪽 눈의 경우는 좌뇌를 자극하게 되어 있다.

뇌는 좌우의 균형과 조화를 갖춘 상태가 안정되고 건강하다고 할 수 있다. 그러므로 특히 심리적 안정을 위해서도 좌우 뇌의 균형은 중요하다. 그런데 눈동자의 좌우 방향으로의 움직임은 좌우 뇌를 골고루 자극하는 효과를 주기 때문에 좌우 뇌의 조화와 균형뿐만 아니라 그로 인한 정신건강을 위해서 크게 도움된다.

쫌쫌안구운동기법이란 기본 쫌쫌기법에서 사용되는 주변 시야법과 쫌쫌기법을 변형한 것이다. 그래서 쫌쫌기법의 효과를 극대화하고자 한 것이라고 볼 수 있다.

기본쫌쫌안구운동기법

앞에서 살펴본 바와 같이 기본 쫌쫌기법에서는 주변 시야 상태에서 눈동자는 정면을 바라보되 좌우의 쫌쫌 동작을 동시에 보면서 안구는 깜빡이는 것 외에는 다른 방향으로 움직여서는 안 되었다. 하지만 기본쫌쫌안구운동기법은 쫌쫌 동작을 하는 동안에 두 눈동자를 좌우로 움직이면서 왕복운동하는 것을 말한다.

이 경우에 기본 쫌쫌기법의 과정보다는 조금 더 어렵게 느껴질 수 있다. 왜냐하면 눈동자를 움직이지 않던 상태에서 좌우로 눈동자를 반복적으로 움직여야 하기 때문이다. 그러나 이러한 눈동자의 움직임이 있음으로 해서 좌뇌와 우뇌를 골고루 자극하는 셈이 되며, 결과적으로 그러한 자극이 뇌의 좌우균형뿐만 아니라 심리

적 안정에 도움을 주기 때문에 바람직하다고 볼 수 있다.

║║║교차쥠쥠안구운동기법║║║

이것은 앞서의 쥠쥠안구운동보다 한 단계 더 나아가서 쥠쥠 동작의 변화를 주면서 그 변화에 따라 눈동자를 움직이는 기법이다. 즉, 이 기법에서는 지금까지처럼 두 손을 함께 주먹 쥐었다가 펴면서 쥠쥠을 하는 대신에 각 손을 번갈아 가면서 쥐었다 폈다를 반복해야 한다. 즉, 오른손을 펴고 있으면 왼손은 주먹 쥐고, 반면에 오른손이 주먹 쥐고 있으면 왼손은 펴는 방식으로 두 손이 번갈아가면서 주먹을 쥐었다 폈다를 반복해야 한다. 그래서 이것을 교차쥠쥠이라고 할 수 있다.

이러한 교차쥠쥠을 하는 가운데 눈동자는 손을 편 쪽으로 움직이도록 한다. 예를 들어, 왼손은 주먹 쥐고 오른손을 편다면 오른쪽 방향으로 눈동자를 움직여야 한다. 그리고 오른손은 주먹 쥐고 왼손을 편다면 왼쪽 방향으로 눈동자를 움직여야 한다.

이렇게 되면 좌우의 손은 한 번씩 쥐었다 폈다를 반복하는 꼴이

되며, 눈동자 또한 한 번씩 좌우로 움직이는 꼴이 된다. 이와 같은 형식으로 두 손을 번갈아 가면서 쥐었다 폈다 하기를 반복하고 눈동자의 좌우 방향으로의 움직임도 반복하는 것을 계속하면 된다. 이것이 바로 교차쥠쥠안구운동기법이다.

이처럼 좌우의 두 손이 번갈아 가면서 주먹을 쥐었다 폈다 하는 동작은 역시 좌뇌와 우뇌를 동시에 자극하는 결과로 이어진다. 그리고 좌우 방향으로의 안구운동 역시 좌우의 뇌를 자극하는 것과 같은 결과를 낳는다. 그러므로 교차쥠쥠안구운동에서는 눈동자 움직임의 효과에 덧붙여서 손동작의 효과까지 가미되어 힐링 효과를 더욱 증진하는 결과를 만들어 낸다.

교차쥠쥠안구운동기법에서는 번갈아 가면서 움직이는 두 손의 동작을 따라 함께 이루어지는 눈동자운동이 핵심이다. 물론 이 경우에 자신의 불편사항을 말로 표현하는 방식은 앞에서와 동일하다는 점도 잊지 말아야 할 것이다.

쥠쥠 무한대 안구운동기법

앞에서 소개했던 방식, 즉 안구를 좌우로 움직인다는 것은 눈동자를 좌우로 일직선 위치에서 왕복운동을 한다는 것을 말한다. 하지만 이러한 일직선 운동 대신에 안구를 다른 형태로 움직일 수도 있는데, 그중 대표적인 한 가지가 바로 무한대 형태로 움직이는 것이다. 무한대 형태란 ∞ 모양과 같은 것으로 숫자 8이 옆으로 누워 있는 형태 또는 두 개의 동그라미가 옆으로 나란히 붙어 있는 것과 같은 형태를 말한다.

쫌쫌 무한대 안구운동기법에서는 이와 같은 무한대의 선을 따라서 안구를 움직이도록 하는데, 그렇게 되면 눈동자를 좌우 방향뿐만 아니라 상하 방향으로도 움직이게 하는 꼴이 된다. 그 결과 안구를 상하좌우로 움직이게 되는데, 그렇게 함으로써 안구는 180도뿐만 아니라 360도 전체를 회전하게 된다. 그러한 동작은 좌뇌 우뇌 전체를 골고루 자극하는 꼴이 되므로 좌우 뇌균형을 위해서 크게 도움된다고 할 수 있다.

재론하자면 이러한 무한대 안구운동은 앞에서 시행했던 좌우 방향으로 운동했을 때처럼 단순히 좌우로 움직이는 직선운동의 경우

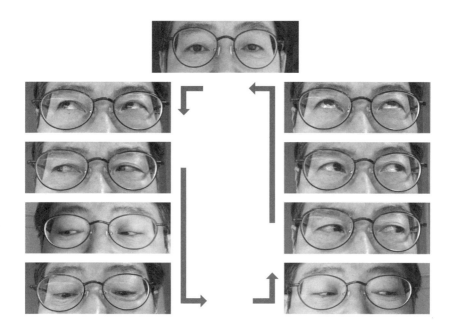

보다는 운동의 강도는 물론이고 폭도 크고 넓다고 하겠다. 따라서 이와 같은 폭넓은 안구운동은 좌우 뇌를 자극하는 강도가 훨씬 크며, 그에 따라 힐링 효과 또한 보다 강력할 수 있을 것이다.

Part 3

이론편

　　여기에서는 찜찜기법의 이론적 배경을 살펴보았다. 다시 말해서 찜찜기법이 어떤 원리에 근거하여 개발되었으며 그것이 힐링 효과를 발휘하는 근거가 무엇인지에 대하여 이론적으로 설명하고자 하였다. 사실 찜찜기법은 겉으로는 아주 간단하고 단순하면서 쉽게 보인다. 그런데도 그것은 심리학을 비롯한 여러 가지 학문적 이론과 과학적 원리에 따라서 이루어지기 때문에 효과가 생길 수밖에 없다는 점도 이론적으로 설명하였다.

08 단순함과 편리성의 가치

복잡하고 어렵다고 해서 반드시 좋은 것은 아니다. 오히려 단순하고 간단하며 편리한 것이 좋은 경우가 얼마든지 많다. 특히 우리나라의 한글은 세계에서 가장 쉬우면서도 간편하고 편리한 것으로 잘 알려져 있다. 또한 스티브 잡스의 애플은 아주 쉽고 간단하며 편리하게 문명생활을 누릴 수 있도록 해 주었다. 쪾쪾기법은 한글과 잡스의 애플이 보여 준 간편성이나 편리성을 함께 보여 주는 공통성을 갖고 있다고 생각하기에 그 간편성과 편리성에 대해서 알아보고자 한다.

한글의 간편성과 편리성

쉬운 것은 좋은 것이다. 그러한 쉬운 것의 대표적인 것이 곧 우리가 사용하고 있는 한글이다.

일찍이 세종대왕은 오랫동안 내려온 한자 위주의 문화 때문에 일반 백성들이 힘들어한다는 사실을 알고 훈민정음(訓民正音)이라는 이름으로 새로운 글을 창제하여 1446년에 반포하여 문자혁명을 이룩하고 우리나라 문화 발전에 크게 기여하였다.

우리나라는 예로부터 양반들을 중심으로 중국의 한자를 사용해 왔다. 하지만 그 한자는 일반 백성들에게는 너무도 어려운 글이었다. 그런 가운데 세종대왕은 일반 백성들이 쉽고 편하게 글을 익히고 일상에서 사용할 수 있도록 하기 위하여 새로운 글을 만들어서 반포하였다. 이것이 오늘날 우리가 누구나 편하게 사용하고 있는 한글인 것이다.

세종대왕은 《훈민정음 해례본(訓民正音解例本)》에서 다음과 같이 밝혔다.

우리나라의 말이 중국말과 달라 한자로는 서로 (의사)소통하지 아니하므로 이런 까닭에 어리석은 백성이 이르고자 하는 바가 있어도 끝내 그 뜻을 (글자에) 실어서 펴지 못하는 사람이 많으니라. 내가 이를 불쌍히 여겨서 새로 스물여덟 개의 글자를 만드니 사람마다 쉽게 익혀 날마다 쓰기에 편안케 하고자 할 따름이니라….

　한글은 세계적으로 가장 우수한 글자로 평가받고 있다. 이러한 한글은 제작원리가 매우 과학적이고 체계적인 문자로 잘 알려져 있다. 한글 자모 28자는 제각각 만들어진 것이 아니라 몇 개의 기본자를 먼저 만든 다음, 나머지는 이것들로부터 파생시켜 나가는 이원적인 체계로 만들어졌다. 이러한 한글은 소리글자로서 세상에서 가장 많은 소리를 표현할 수 있다고 한다.

　한글은 자음과 모음, 받침으로 이루어지는 식으로 그 구성 원리가 간단하기 때문에 누구나 배우기가 쉽다. 그래서 우리나라에서는 초등학교 입학 전에 모든 어린이들이 한글을 알고 있을 뿐만 아니라 세계에서 문맹률이 가장 낮은 나라로도 알려져 있다.

　한글로 영어 발음의 90% 이상을 표기할 수 있으며 우리말로 소리를 표현할 수 있는 것은 8,800개나 된다고 한다. 이는 일본어로는 300개, 중국의 한자어로는 400여 개밖에 표현할 수 없다는 사실과 비교할 때 한글의 편리성과 우수성을 말해 준다고 할 수 있다.

　그 결과로 우리는 여러 가지로 단순하고 편리한 문자생활과 문화생활을 하고 있는 것이 사실이다. 그렇기에 오늘날 우리 사회에서 만약 쉬운 한글이 없고 우리가 복잡한 한자로만 소통을 해야 한다면 얼마나 불편한 생활을 하면서 살아갈 것인지 쉽게 짐작할 수 있을 것이다.

▌▌스티브 잡스의 단순화 철학과 편리성 추구▌▌

오늘날 세계 최대 기업으로 애플이 꼽히고 있다. 실리콘밸리의 벤처 신화를 상징하는 많은 기업들 중의 대표적인 기업으로 자리매김한 애플은 처음에는 스티브 잡스와 스티브 워즈니악이라는 두 친구가 주택의 차고에서 컴퓨터를 만드는 것에서부터 시작되었다.

하지만 지금은 단순히 컴퓨터뿐만 아니라 스마트폰을 비롯한 다양한 전자제품들을 생산하는 세계 최대 기업이 되었다. 컴퓨터라는 것이 과거에는 엄청나게 크고 복잡할 뿐만 아니라 기업이나 기관에서나 사용하던 것이라고 인식되었지만 잡스는 그것을 최대로 단순화하고 누구나 쉽게 사용할 수 있도록 함으로써 진정한 개인용 컴퓨터 시대, 즉 PC 시대를 열었다.

잡스는 소비자의 편리성과 간편성을 위해 컴퓨터를 비롯하여 자신이 만드는 모든 전자제품들을 최대로 단순화하고자 하였다. 그러한 그의 단순 철학은 애플의 상징이 되었으며 애플이 오늘날 세게 최고의 기업으로 성장하는 밑거름이 되었다.

'최대한 단순하게'라는 애플의 디자인 원칙은 제품의 모든 세부적인 사항에서 적용되었다. 그래서 제품에 없어도 되는 부분이 조금이라도 남아 있으면 애플은 끝까지 고민하면서 그러한 것을 없애고자 하였다. 심지어 잡스는 아이팟의 단순함을 설명하면서 "꽂으세요. 윙~ 끝."이라고 간단하게 외쳤고 "단순함이야말로 최고의 우아함"이라고 말했다. 그 결과 그는 너무 쉽고 간편해서 아이들도 가지고 놀 수 있는, 또한 누구나 사랑에 빠질 정도로 우아한 제품을 출시할 수 있었다.

그러한 잡스의 철학이 얼마나 잘 구현되었는지를 보여 주는 사례가 있다. 2014년 4월에 토드 라핀이라는 미국의 블로거는 자신의 두 살 반짜리 딸아이에게 무엇을 쥐어 주었고, 딸이 그것을 갖고 노는 장면을 동영상으로 찍어 유튜브에 올린 일이 있었다. 그가 딸에게 준 것은 바로 아이패드였다. 결과적으로 이 동영상은 많은 사람들을 크게 놀라게 한 것과 동시에 혁신적인 디자인이 어떤 것인지 깨닫게 해 주었다.

간단하고 편리해진 현대문명의 이기들

옛날에는 웬만한 집에는 십여 권이 넘는 두꺼운 백과사전 전집이 있었다. 그래서 모르는 것, 궁금한 것이 있으면 그 백과사전을 통해서 지식을 얻곤 하였다. 그리고 영화를 보려면 반드시 극장엘

가야 했다. 이보다 더 과거에는 극장도 쉽게 갈 수 없었다. 극장은 명절쯤에야 갈 수 있는 고급문화 공간이었다. 아니면 학교에서 중간시험이나 기말시험이 끝나면 가는 문화교실이었다. 그것이 영화를 볼 수 있는 몇 되지 않는 귀한 기회였다. 옛날에는 시외전화를 하려면 전화국까지 가야 했다. 그리고 외국과 서신교환을 하기 위해서는 몇 주간을 기다려야 했다. 국내에서 가족, 친지, 연인과 소식을 주고받기 위해서도 며칠은 소요되었다. 그 시대에는 사진을 한 장 찍어서 보고 싶어도 금방 되지를 않았다. 카메라에 필름을 사서 끼워 넣고 사진을 찍더라도 그 필름을 다 사용할 때까지 기다려야 한다. 그리고 필름을 다 사용했다면 비로소 그것을 동네 사진관에 가서 맡기고 또 며칠을 기다려야 겨우 그 사진을 볼 수 있었다.

이 모든 일들이 이제는 내 손에 있는 스마트폰 하나로 해결될 수 있다니 우리는 얼마나 놀라운 세상에 살고 있는가? 어떠한 궁금한 것도 검색을 하면 곧바로 지식을 얻게 되고 어떤 영화도 곧바로 다운받아서 볼 수 있으며 외국과도 즉시 문자나 메일교환은 물론 음성통화나 화상통화까지 가능하지 않은가? 방금 찍은 사진을 곧바로 보고 전달할 수 있으니 우리는 지금 너무도 편리하고 쉬운 세상에 살고 있다.

예전에는 학교에 입학하거나 취직을 하려면 멀리 고향에까지 가서 호적등본을 떼야 했고, 또 신분 증명을 하기 위해서는 동사무소에 가서 번거롭게 서류를 떼야 했지만 이젠 그러한 행정절차도 대폭 간소화되었다. 은행에 직접 가지 않아도 돈을 찾을 수 있거나 상거래를 할 수 있을 정도로 금융제도도 간소화되었고 학교나 입사시험에 합격 여부를 알기 위하여 직접 학교나 직장에 가지 않아도 스마트폰으로 바로 알 수 있게 되었다. 이 모든 것은 사회가 발달할수록 제도나 방법들이 단순화되고 간편화되는 예라고 할 수 있다.

오늘날 이렇게 편리한 세상을 살게 된 것은 결코 우연이 아니다. 몇 백 년 전, 몇 십 년 전이 아니라 불과 몇 년 전만 해도 상상할 수 없었던 일들이 우리 주변에서 계속 일어나고 있다. 그만큼 눈부시게 빠른 속도로 변하고 있는 사회와 환경에서 우리는 살고 있다. 이러한 변화를 뒷받침하는 가장 핵심적인 학문이 바로 양자물리학이다.

양자물리학은 만물의 최소단위인 원자 이하의 물질을 다루는 학문이다. 그런데 이 양자물리학을 모르면 반도체를 만들 수 없으며,

그 반도체가 없는 현대문명은 상상할 수가 없다. 우리가 누리고 있는 대표적인 문명의 이기들, 특히 컴퓨터, 인터넷, 텔레비전, 자동차, 비행기 등을 가능하게 만든 핵심은 바로 양자물리학이다.

마찬가지로 힐링의 원리에도 양자물리학적인 원리가 적용될 수 있다. 일체유심조(一切唯心造)라고 하는 말이 있듯이 모든 것은 마음에서 출발한다고 할 수 있다. 그리고 그 마음이라는 것이 양자물리학에서 말하는 반도체에 해당한다고 말할 수 있다.

가장 간단하고 가장 쉬운 것…. 그것이 비록 반도체와 같은 보잘것없는 것이지만 그것을 통해서 현대 문명기기들이 움직이듯이, 마음의 작용을 통해서 마음도 몸도 스트레스에서 벗어나고 고통에서 벗어날 수도 있다.

09 삶과 스트레스

쫌쫌기법은 기본적으로 일상생활의 스트레스를 해소하고 행복하고 건강한 삶을 살 수 있도록 도와준다. 쫌쫌기법을 통하여 도움받을 수 있는 생활의 혜택은 많다. 그러한 혜택에 대해서 제대로 알기 위해서는 스트레스가 건강에 미치는 영향에 대해서 이론적으로 이해하는 것도 필요하다.

우리는 일상생활을 하면서 수시로 스트레스를 경험한다. 우리의 삶 자체는 스트레스를 피해갈 수가 없다. 그래서 불교에서는 삶 자체가 고(苦), 즉 괴로움이라고 한다.

약 2,500여 년 전에 인도국의 싯다르타는 어느 날 성문 밖으로 나가 백성들의 생활을 구경하게 되었다. 동문에서는 백발의 허리가 굽은 노인(老)을 보고는 인간은 누구나 저렇게 늙는다는 사실을 알았고, 남문에서는 고통에 신음하는 병자(病)를 보고 병에 시달리는 인생의 괴로움을 알았고, 서문에서는 죽은 사람(死)의 장사행렬을 보고 누구나 반드시 죽는다는 사실을 통절히 느꼈다. 이 모든 것은 곧 인간의 생로병사의 괴로움을 말한다. 어느 누구도 피해갈 수 없는 현실적인 고통인 것이다.

우리는 누구나 스트레스를 싫어한다. 그래서 스트레스를 받지 않으려 하거나 피하려 한다. 하지만 앞에서의 생로병사의 고통처럼 누구도 스트레스를 피해갈 수 없다. 우리가 살아가는 것은 곧 스트레스와의 투쟁이라고도 할 수 있다. 그렇기에 우리는 스트레스를 받지 않으려 하거나 피하려 할 것이 아니라 극복할 수 있어야 할 것이다. 물론 피할 수 있는 것은 피하고 또 받지 않아도 되는 것은 안 받아야 하겠지만 우리의 삶에서는 사실상 불가항력적인 스트레스가 부지기수다. 그것이 현실인 것이다.

스트레스

앞서도 얘기했듯이 우리는 누구나 나날이 복잡해지는 사회구조와 물질문명 속에서 과도한 업무 및 학업, 대인관계에서의 어려움 등 때문에 스트레스를 경험하며 살아가고 있다. 스트레스란 말을 모르는 사람은 없겠지만 이 말은 원래 19세기 물리학에서 처음으로 사용되었던 개념이다. 하지만 의학 영역에서는 20세기에 이르러 캐나다의 맥길 대학교와 몬트리올 대학교에서 내분비학자로

일했던 한스 셀리에(Hans Selye) 박사에 의해서 연구되고 일반화되었다.

셀리에 박사는 쥐를 대상으로 연구를 하면서 쥐를 제대로 다루지 못하여 고통을 주었고 그 결과 쥐에게 질병이 생겼다는 사실을 발견하였다. 이러한 과정에서 그는 스트레스를 발견하였고 그 스트레스가 몸에 나쁜 영향을 줄 뿐만 아니라 질병도 일으킨다는 사실을 확인하였다. 결국 셀리에 박사는 정신적·육체적 균형과 안정을 깨뜨리려고 하는 자극에 대하여 자신이 있던 원래의 안정 상태를 유지하기 위해 변화에 저항하는 반응이라는 식으로 스트레스 개념을 발전시켰다.

앞서 예를 들었던 실험에서의 쥐처럼 우리는 외부에서 압력을 받으면 긴장, 흥분, 각성, 불안 같은 생리 반응을 일으키는데, 이때 스트레스를 받았다고 말한다. 스트레스를 경험하면 인체는 생리상 원상복귀하고자 스트레스에 정면으로 투쟁하거나 도망친다. 다시 말해서, 스트레스는 스트레스 요인에 대처해 항상성(homeostasis)

을 유지하려는 생리적 반응, 즉 '싸우거나 도망(fight or flight)' 하는 과정이라고 할 수 있다.

두 가지 종류의 스트레스

스트레스에는 두 가지 종류가 있는데, 그것은 긍정적 스트레스(eustress)와 부정적 스트레스(distress)다. 흔히 스트레스는 모두 나쁜 것이라고 생각하는 경향이 있지만 반드시 그렇지는 않다. 다시 말해서, 긍정적인 스트레스가 있다는 것이다. 당장에는 부담스럽더라도 적절히 대응하여 자신의 향후 삶이 더 나아질 수 있는 스트레스가 곧 긍정적 스트레스다.

반면에, 우리가 싫어하고 피하고자 하는 것이 바로 불안, 공포, 두려움, 우울, 분노와 같은 반응을 일으키는 부정적 스트레스라고 할 수 있다. 그래서 일반적으로 스트레스를 관리한다든지 해소한다고 할 때는 이런 부정적 스트레스를 염두에 두고 하는 말이다.

한편, 적절한 스트레스는 우리의 생활에 활력을 주고 생산성과 창의력을 높일 수 있다. 그런데 미국의 심리학자 리처드 라자러스(Richard Lazarus) 박사와 같은 사람은 같은 스트레스라고 할지라도 받아들이는 사람에 따라 스트레스가 안 될 수도 있거나 오히려 긍정적 스트레스가 될 수 있다고 하였다. 다시 말해서, 동일한 스트레스에 대해서도 그것을 받아들이는 사람의 마음이나 심리 상태에 따라 스트레스로 인식되지 않을 수 있다. 그러니까 평소에 마음이

강하거나 문제를 다른 각도에서 볼 수 있는 경우에는 힘든 일이라 하더라도 문제가 되지 않을 수 있다고 하겠다.

대표적인 예로, 컵에 들어 있는 물을 바라보는 두 사람 중에서 갑이라는 사람은 '물이 반밖에 없다.'고 할 수 있고, 을이라는 사람은 '물이 반이나 있다.'고 말할 수 있다. 여기서 갑은 컵의 물과 관련하여 스트레스로 인식했다고 할 수 있고 을은 그것에 대해서 전혀 스트레스로 인식하지 않았을 뿐만 아니라 오히려 긍정적으로까지 인식했다고 말할 수 있다.

따라서 스트레스 상황을 부정적으로 받아들이면 결국 정신건강에 해가 되면서 질병으로 가게 될 수도 있지만, 최소한 스트레스로 받아들이지 않거나 긍정적으로 받아들이면 생산적이고 건강한 삶을 살 수 있을 것이다. 이처럼 스트레스는 정신건강을 비롯하여 건강한 삶을 살아가는 데 크게 영향을 미치는데, 이에 대해서 좀 더 구체적으로 살펴보자.

⫻⫻ 스트레스가 건강에 미치는 영향 ⫻⫻

　우리가 지속적으로 스트레스를 받게 되면, 우리의 몸은 계속해서 스트레스에 맞서 '싸우거나 도망치는' 반응을 유지하려고 노력한다. 이러한 본능적인 반응은 우리 몸의 각 조직과 기관들에 영향을 미친다. 만약 그때 우리 몸이 요구하는 수준까지 따라주지 못한다면 우리는 병이 나게 된다.

　잘 알다시피 우리의 신경계통에는 자율신경계라는 것이 있다. 자율신경계란 우리의 의지와 상관없이 우리 몸이 알아서 작용하는 신경계란 뜻이다. 여기서 '자율'이란 것은 우리가 의도적으로 조절하려고 노력하거나 애를 써도 조절이 되지 않는다는 것을 의미한다. 그러한 자율신경계에는 교감신경계와 부교감신경계가 있다. 어느 경우든 이들 신경계는 뇌에 의해서 조절되지만 그 조절은 자율적으로, 즉 뇌가 스스로 알아서 몸에게 신호를 보내는 장치라고 할 수 있다.

부교감신경
- 동공 축소
- 침분비 증가
- 심박동 감소
- 방광의 수축

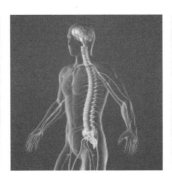

교감신경
- 동공 확장
- 침분비 억제
- 심박동 증가
- 방광의 확장

교감신경계는 우리가 위험이나 위기상황에 처했을 때 우리의 뇌가 빨리 그 상황에 대처하고 벗어날 수 있도록 돕기 위하여 기능한다. 그래서 교감신경계가 흥분하게 되면 대표적으로 근육이 수축하거나 맥박이 증가하고 혈압이 상승하는 등의 반응을 일으킨다. 이러한 반응은 결국 우리 몸이 위험한 상황에서 긴장하도록 하고 그러한 긴장을 통해서 결국엔 위기상황에서 벗어날 수 있도록 도움을 주는 역할을 한다.

반면에, 부교감신경은 그러한 위기상황에서 벗어났을 때 평화롭고 이완된 상황에서 기능한다. 그래서 부교감신경이 흥분하면 맥박 감소, 혈압 감소, 소화 촉진 등 몸이 편안한 상태가 된다. 이처럼 두 가지 신경계는 서로 반대적인 기능을 수행하는데, 그것을 길항작용이라고 한다. 그래서 이들은 어느 것이든 기본적으로 우리의 생활에 없어서는 안 되는 기능들을 수행한다.

우리가 문제로 삼고 있는 스트레스에 관여되는 것은 역시 교감신경이라고 할 수 있다. 이 교감신경이 항진하고 그것이 장시간 지속된다면 대략 다음과 같은 문제가 발생할 수 있다.

- 근육의 문제: 근육은 이완되지 못하고 피곤을 느낀다거나 다칠 수 있다. 그래서 요통, 다리 경련, 턱, 목 그리고 어깨의 통증, 긴장성 두통, 근육통, 오한이나 떨림 등이 생길 수 있다.
- 면역의 문제: 지속적인 스트레스는 우리의 면역 기능을 약화시키고 질병에 대항하여 싸우는 저항력을 감소시킨다. 그래서 여드름, 감기/독감, 입안의 염증, 헤르페스(포진), 피부발진, 천

식, 알레르기, 질염, 암 등이 생길 수 있다.

- 중추 기능의 문제: 스트레스 호르몬은 심장박동에 작용하여 혈관을 압박 또는 수축시킨다. 그래서 가슴통증, 현기증, 고혈압, 편두통, 뇌졸중, 심장병, 빠른 심장박동, 호흡곤란, 손발의 차가움 등의 증상이 생길 수 있다.

- 비중추 기능의 문제: 스트레스를 받으면 비중추 기능(소화, 비뇨기)에 에너지와 산소 공급이 줄어들게 되며 결국은 그 기능을 저하시키게 된다. 그래서 속쓰림, 소화불량, 대장염, 크론병(궤양성 대장염), 메스꺼움, 수분저류(몸 밖으로 수분이 나가지 못하여 몸이 붓는 증상), 체중 증가 및 감소, 설사, 변비, 이뇨 장애, 성기능 장애 등의 문제가 생길 수 있다.

- 호르몬 기능의 문제: 스트레스 호르몬은 에너지를 빨리 내보내기 위해서 우리 몸에 있는 호르몬 분비선에 영향을 미치고 결국은 호르몬 기능이 정상적인 기능을 하지 못하도록 한다. 이에 따라 관절염, 당뇨병, 불임, 성욕 저하, 생리불순 등과 같은 문제가 발생할 수 있다.

- 감정 기능: 스트레스는 우리 뇌 안에서 화학적인 반응에 영향을 끼치고 우리의 감정을 강하게 조절한다. 그 결과로 분노, 불안, 죄의식, 우울, 초조, 질투, 걱정, 좌절, 공황 발작, 불안정과 같은 심리적 문제들을 경험하게 한다.

- 인지 기능의 문제: 우리의 뇌는 스트레스를 받으면 과민반응을 하게 되고 낮은 수준의 스트레스 호르몬에도 쉽게 자극을 받게 된다. 따라서 지루함, 에너지 감소, 판단력 저하, 끊임없

는 잡념, 불면증, 악몽, 편견과 집착, 불안, 초조, 피곤, 조급함, 불신 등의 문제가 생길 수 있다.

10 하칼라우와 주변 시야

쫌쫌기법의 핵심원리는 하칼라우, 즉 주변 시야에서 출발한다. 우리가 스트레스를 경험하거나 문제에 빠져 있을 때 경험하는 중앙 시야에 비해서 주변 시야 상태에서는 보다 쉽게 심신의 이완과 편안함을 경험하게 된다. 그리고 그 결과로 스트레스에서 벗어날 수 있게 된다. 그러므로 우리가 하칼라우라고 부르는 주변 시야의 원리를 알게 되면 쫌쫌기법의 효과성을 이해하는 데 크게 도움이 된다.

우리는 살면서 때때로 비일상적이거나 비현실적인 경험을 할 때가 있다. 때때로 우리는 무엇을 생각하느라 주변의 다른 것에 대해서 의식하지 못하느라 남들 보기에 정신이 나간 것 같거나 멍한 상태로 있을 경우가 있다. 또는 어떤 상황 속에서도 아무 생각 없이 있느라 무슨 일이 벌어지고 있는지 모르고 지나는 경우도 있다. 우리는 이런 경험들을 어떻게 이해해야 할까?

‖‖‖ 관음과 하칼라우 ‖‖‖

불교에서는 관음(觀音)이라는 말이 있다. 원래 이 말은 고대 인도어인 산스크리트어를 한자어로 번역한 것인데, 문자 그대로 풀이하면 '소리를 본다.'는 뜻이다. 다시 말해서, 관음이란 세상의 모든 소리를 듣고 살펴본다는 뜻을 담고 있다고 한다. 그리고 이말의 의미를 포함하는 관세음보살(觀世音菩薩)이란 말도 있는데, 이것 또한 세상의 모든 소리를 듣고 보살피는 보살이란 뜻으로 해석된다.

그런데 본래 소리란 것은 듣는 것이지 보는 것이 아니다. 하지만 불교에서는 그 소리를 보는 것으로 해석하였다. 그것은 곧 일반적 통념을 깨는 것이라고 할 수 있다. 일반적으로는 소리가 보이지 않는다. 그렇다면 어떻게 함으로써 그 소리를 볼 수 있을까? 여기서 고대 하와이 원주민들이 즐겨 사용했던 하칼라우(Hakalau)를 생각해 볼 수 있다.

하칼라우는 고대 하와이 사람들이 명상에 들어갈 때 사용하는 방법이다. 그리고 이것은 명상 상태를 의미하기도 한다. 더 정확하게 말한다면 하칼라우는 명상을 할 때처럼 특정한 한곳에 의식을 집중하는 가운데 그 의식의 범위를 차츰 확장하는 것이라고 할 수 있다. 하칼라우가 제대로 이루어질 때 '하칼라우 상태'가 되었다고 말할 수 있다.

이 하칼라우 상태는 고대 하와이인들이 빨리 트랜스(trance) 상태에 들어가고자 할 때 사용하던 방법이기도 하다. 트랜스란 심신을 이완하거나 특정한 대상 또는 활동에 몰입할 때 경험되는 심리적 상태라고 할 수 있다. 그러므로 트랜스는 고도의 집중 상태와 함께 이완 상태를 말해 주는 개념이기도 하다. 이 트랜스는 대표적으로 명상이나 최면 상태에 들어갈 때 가장 잘 경험된다. 그래서 트랜스 상태는 곧 명상 상태 또는 최면 상태라고도 할 수 있다.

트랜스와 멍때리기

트랜스 상태에 들어가게 되면 기본적으로 심신이 이완되기 때문에 멍한 상태가 되기 쉽다. 멍한 상태는 또한 나른하고 몽롱한 상태와도 쉽게 연결된다. 그리고 주변의 감각적 자극을 인식은 하지만 그것에 의해서 쉽게 자극을 받거나 영향을 받지 않게 된다. 오히려 그것을 제3자 관점에서 물끄러미 바라보는 관조적 상태가 된다. 흔히 우리가 '멍때린다'고 할 때 이런 트랜스 상태라고 할 수 있다.

일반적으로 멍때리기라고 하면 부정적으로 인식되기 쉽다. '정신이 나갔다.'거나 '현실감각을 상실'한 부정적인 상태를 두고 '멍때린다'고 말하는 경향이 있다. 그런데 그러한 멍때리기를 오히려 긍정적인 차원에서 장려하는 시도가 있다. 그것은 곧 우습게도 '멍

때리기 대회'라는 것이다. 실제로 지난 2014년 10월 27일, 서울광장에서 이름도 별난 제1회 '멍때리기 대회'가 개최된 적이 있다.

'뇌를 쉬게 하자'는 취지에서 진행된 이 대회의 심사기준은 심박측정기로 측정한 심박수였다. 즉, 아무것도 하지 않는 상태에서 심박측정기에서 심박수가 가장 안정적으로 나온 사람을 우승자로 선정하기로 하였다. 중간에 크게 움직이거나 딴짓을 하면 자동 실격 처리가 되었다. 대회 우승자에게는 로댕의 '생각하는 사람'을 본뜬 트로피가 수여되었는데, 그 수혜자이자 대회 우승자는 뜻밖에도 초등학교 2학년인 김지명 양이었다. 그녀는 우승 소감을 말하는 자리에서 평소 하루에 여러 곳의 학원을 다닐 정도로 바쁜 나날을 보내다 보니 멍때리기 습관이 생겼다고 하였다.

한편, 이 대회를 후원하고 자문했던 정신과 의사 황원준 원장은 스트레스에 노출된 현대인들은 업무나 공부에 지친 뇌를 쉬고 짧은 시간이라도 명상을 해야 정신적 고통으로 인한 질병을 피할 수 있다고 하였다. 그리고 정신과를 찾는 환자의 대부분은 스트레스를 이기지 못해 정신질환을 호소하는 경향이 많기 때문에 스트레스를 씻어내는 '멍 때리기'를 통해 마음의 짐을 덜어내는 훈련을 할 필요가 있다고 강조하였다.

트랜스와 멍때리기. 이 두 가지는 전혀 다른 것 같지만 결국 거의 동일한 상태라고 할 수 있다. 그리고 이 상태에 이르기 위한 방법이 곧 명상이고 최면이라고 할 수 있으며 NLP는 물론 하칼라우에서도 같은 효과를 얻을 수 있다.

하칼라우의 원리와 방법

필자는 지난 2001년 미국에서 테드 재임스(Tad James) 박사로부터 NLP와 최면을 공부할 때 처음으로 하칼라우 기법을 배웠다. 아주 단순한 방법인데도 신비한 효과를 경험했던 기억이 있다. 간단히 10초 정도 지시받은 대로 실습에 임했을 뿐인데 처음으로 멍때리면서 뭔가 바뀌는 것 같은 경험을 하면서 하칼라우의 신비한 효과를 체험하였다. 처음에는 그것이 단순히 이완과 트랜스에 도움이 되는 것으로만 인식되었다. 하지만 좀 더 공부를 하는 가운데 그것은 탁월한 힐링 효과까지 있다는 사실을 알게 되었다.

하칼라우 기법을 익히고 실습하는 요령은 다음과 같다.

① 정면에 있는 벽 위에 눈높이보다 조금 더 높은 위치에 시선을 고정할 수 있는 한 점이나 흔적을 찾는다.
② 이제 그 점을 바라본다. 이때 마음은 편하게 하고 어떤 제약도 두지 않은 채로 그 점에만 시선을 집중하여 바라보도록 한다. (중앙 시야)
③ 점차로 시선을 주변의 좌우로 확장한다. 그래서 확장된 주변

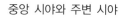
중앙 시야와 주변 시야

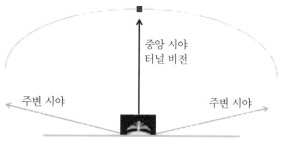

중앙 시야
터널 비전

주변 시야   주변 시야

의 시야 안으로 모든 사물들이 들어오게 한다. 하지만 눈의 초점은 여전히 정면의 점에 있어야 한다. (주변 시야)

④ 이제 주변 시야에 들어오는 모든 것을 보아야 한다. 심신의 상태와 느낌이 어떠한지 체크한다.

이상이 하칼라우를 실습하는 간단하고 기본적인 기법이다. 이제 하칼라우 상태에서 5분 정도 머물러 있게 되면 멍하거나 나른하거나 몽롱한 상태가 될 수 있다. 경우에 따라 졸음이 올지도 모른다. 하지만 5분 후에 다시 중앙 시야 상태로 돌아오게 되면 왠지 개운하고 가볍고 말끔한 기운과 기분을 느끼게 될 수 있다. 푹 잘 자고 일어난 느낌이나 피로가 말끔히 풀리는 느낌도 들 수 있다. 물론 하칼라우 상태에서 졸음이 올 때 (형편이 허락한다면) 잠에 들어도 좋다. 오히려 평소에 불면이 있는 사람들은 하칼라우를 자주 실습함으로써 편안하게 숙면을 취하는 데 도움을 얻을 수도 있을 것이다.

하칼라우를 자주 연습하게 될 때 보다 빠르고 쉽게 하칼라우 상태에 들어갈 수 있다. 그래서 공부를 하거나 어떤 일에 집중해야 할 때 미리 하칼라우 상태에 들어가서 공부나 일에 임하는 것도 좋을 것이다. 그 경우에 심신이 안정되면서 집중력이나 몰입력이 높아질 수 있다.

한편, 하칼라우 상태에서 자신의 문제나 고민, 스트레스 상태에 대해서 독백을 해 보라. 처음에는 어색할 수 있겠지만 반복적으로 혼잣말을 중얼거리듯이 하다 보면 이상하게 멍한 상태가 되면서 자신의 문제가 사라지거나 심각성의 정도가 완화되는 듯한 경험을 할 수도 있다. 그리고 몇 번 더 반복하면 오히려 원래의 문제나 고민이 생각나지 않고 멍한 상태가 지속될 수도 있다. 또한 마음이 편안해지고 가벼워지는 경험을 할 수도 있다. 이것이 하칼라우를 통한 셀프힐링의 효과다.

만약 당신이 코치, 상담자, 치료자라고 한다면 이 하칼라우 기법을 익혀서 당신이 돕는 대상에게 앞에서와 같은 방법으로 하칼라우 상태로 들어가게 한 후에 자신의 문제에 대해서 당신에게 고백하듯이 말하게 해 보라. 그리고 그때마다 적절히 공감하는 반응을 하거나 그냥 '그랬군요' 정도로만 반응하거나 대꾸를 해 줘도 상대방은 훨씬 마음이 편안해지고 가벼움을 느낄 수 있게 될 것이다.

하칼라우 기법은 사실 문제를 해결하고자 하는 기법이 아니다. 문제는 해결되는 것이 아니다. 오히려 문제는 저절로 사라진다. 마치 처음부터 문제가 없었던 것처럼 말이다. 이것이 바로 신비한 효과라고 할 수 있다. 이것을 양자적 변화라고 할 수 있다. 색즉시공(色卽是空) 공즉시색(空卽是色)이라고 하듯이 방금 전까지 존재하고 마음의 짐으로 작용하던 어떤 문제나 스트레스가 어느 순간 연기처럼 사라지고 생각이 나지 않거나 '내가 왜 그 문제로 힘들어했지?'라는 느낌과 함께 마음 상태 자체가 바뀌어 버리는 효과가 생긴다. 그래서 신비하다는 것이다.

11 스트레스와 중앙 시야

　우리는 여가 시간에 산과 바다를 잘 찾는다. 산이나 바다에 가면 마음이 편안해지고 이완이 된다. 일단 바닷가에서 눈앞에 펼쳐진 넓은 수평선을 바라보노라면 가슴이 탁 트이고 모든 스트레스가 확 날아가는 기분을 느낄 수 있다. 무엇보다도 하늘과 바다가 맞닿은 수평선이 좌우로 쫙 펼쳐진 장면을 보고 있으면 그냥 세상의 근심과 일상의 걱정이 다 사라지는 것같이 느낀다. 눈앞에 아무 거리낌 없이 펼쳐진 풍경은 그 자체가 하나의 그림이고 평화 그 자체다.

　오직 하늘, 바람, 수평선만 보이고 그 사이에 간간히 떠다니는 고깃배나 멀리 떠 있는 상선, 여기저기 날아다니는 갈매기의 모습…. 바다가 만들어 내는 금빛 은빛 물결…. 이 모든 것은 그냥 그 자체로서 스트레스를 해소시켜 주는 좋은 재료가 되는 것 같다.

뿐만 아니다. 그것에다 시원한 바람, 파도소리, 바람소리와 햇살, 바람의 결…. 이런 것들이 수평선을 바라보는 효과와 함께 더욱 몸과 마음을 시원하게 하고 특히 답답한 가슴을 트이게 하는 효과를 주는 것 같다.

한편, 산의 경우에는 특히 산꼭대기에 올라가서 천하를 내려다 볼 때 더욱 그러함을 느낀다. 산 정상에서 앞을 보면 시야에 걸릴 것이 없다. 저 멀리 산들이 있고 또 들판이 펼쳐져 있다. 그래서 앞 뒤 좌우로 탁 트인 풍경을 바라보고 있으면 시원하고 후련하다. 그래서 자신도 모르게 숨을 길게 마시고 길게 내쉬는 식으로 심호흡을 하게 된다. 그러한 현상은 바닷가에서도 마찬가지다. 바닷가에서도 숨을 길게 들이마시면서 바다냄새를 맡게 되는데, 그때 가슴 깊이 파고드는 그 냄새와 함께 가슴이 뻥 뚫리는 기분을 느낄 수 있다.

그래서 우리는 스트레스가 있을 때 산을 오르거나 바다에 다녀오면 스트레스가 풀리고 몸과 마음이 가벼워지는 경험을 하는 것이다. 복잡한 문제 때문에 머리가 복잡하고 마음이 답답할 때 그냥 훌쩍 떠나서 바닷바람을 쐬면 거의 대부분의 경우에는 그냥 해소가 되는 경험을 누구나 해 봤을 것이다. 아무리 복잡한 문제라도 산을 오르고 내려오면 풀리는 것 같은 기분도 마찬가지다. 그래서 힘들고 지칠 때 산과 바다를 찾으면 좋은 것이다.

그런데 산과 바다에서 스트레스가 쉽게 해소되는 공통적인 이유는 무엇일까? 이에 대해서는 여러 가지로 설명할 수 있겠지만 여기서 필자는 일반적으로 독자들로서는 상식적으로 생각하기 어려운 이유를 한 가지 들어보고자 한다. 다만 한 가지 지적하고자 하는 것은 산이라고 할 때는 그냥 산 자체를 말하는 것이 아니라 '산꼭대기'라고 해야 옳다. 다시 말해서, 산꼭대기에서의 경험과 바닷가에서의 경험 간에는 어떤 공통점이 있을까? 그것은 바로 시야에 관한 것이다.

기본적으로 산꼭대기에서나 바다에서 앞을 보면 시야가 더 없이 넓고 좌우로 탁 트인 것을 느낄 수 있다. 바로 이 점이 핵심이다. 산 위나 바닷가는 공기도 맑고 좋을 뿐만 아니라 바람도 불어서 시원한 것은 사실이다. 하지만 그것과는 별개로 시야가 좌우로 넓고 트인다는 것은 또 다른 의미를 지닌다. 그것이 바로 주변 시야라고 하는 것이다. 이 주변 시야 상태에서는 일반적으로 스트레스 상태에서 경험하는 중앙 시야와는 달리 눈에 초점을 둘 곳이 없어지면서 마음이 편안해지는 것이다. 이에 대해서는 좀 더 구체적인 설명이 필요하다.

‖‖‖ 중앙 시야 ‖‖‖

주변 시야(peripheral vision)를 잘 이해하려면 먼저 중앙 시야 (foveal vision/central vision)라고 하는 터널 비전(tunnel vision)이라는 의학용어에 대해서 이해할 필요가 있다. 이것은 망막세포 변성증의 징후 가운데 하나로 사물을 볼 때 주위는 깜깜하지만 마치 터널 안에 빛이 들어오는 것 같이 아주 작은 일부분만 밝게 보이는 시각장애를 뜻한다. 다시 말해서, 상하좌우 주변은 볼 수 없으며 오직 빛이 있는 터널의 끝부분만 보이는 현상이다.

이 터널 비전과 같은 상황을 경험해 볼 수 있는 쉬운 방법은 바로 종이를 원통으로 말아 한쪽 눈에 대고 사물을 보는 것이다. 그런데 우리는 시각장애인이 아니어도 어두운 터널 안으로 들어갔을 때 주위를 보는 대신에 오직 저 멀리 앞으로 보이는 밝은 곳, 즉 빛만 보게 된다. 실제로 우리가 만약 터널 속에 있다면 빛이 보이는 앞만 보고 가야 할 수밖에 없다. 옆이나 주변을 살펴볼 필요가 전혀 없을 뿐만 아니라 보려고 해도 잘 보이지 않거나 볼 것도 없다. 오직 전방만 주시고 그곳으로만 열심히 달려가게 되어 있다. 그것은 자연스러운 현상이다.

이러한 터널 비전의 개념은 심리학적 차원에서 사용되기도 한다. 즉, 숲이 아닌 나무만 보는 인간의 제한된 시야와 사고를 설명

하는 단어로 사용되기도 한다. 이 터널 비전은 어떤 일에 열중하면서 주변 상황을 판단하지 못할 때, 특히 어떤 사물이나 목적에 외골수로 집착할 때 적용되기도 한다. 그런 경우에 우리는 여유를 갖고 폭넓게 생각하고 주변도 돌아보라는 충고를 하거나 듣기 마련이다.

터널 비전은 다른 말로 중앙 시야라고도 한다. 왜냐하면 시선이 중앙에 고정되기 때문이다. 그러므로 중앙 시야는 어떤 무엇에 집중할 때 경험하는 것이라고 할 수 있다. 특히 걱정, 근심, 불안과 같은 것 또는 스트레스가 있을 때는 그 대상에 마음이 집중되기 마련이다. 그래서 다른 일을 할 때도 자꾸 마음이 그것으로 향하고 그것에 마음을 빼앗기기 마련이다.

특히 불안이나 스트레스가 과도할 경우에는 다른 어떤 것을 생각하거나 다른 일을 제대로 할 수 없고 오직 불안이나 스트레스의 대상에 대해서만 집중하면서 그것에 신경과 에너지를 빼앗기게 된다. 물론 여기서는 심리적으로 불안의 대상에게 집중이 되지만 그러한 상태를 중앙 시야 상태라고 할 수 있다. 결과적으로 우리는 어떤 문제나 고통을 경험하는 상황에서는 중앙 시야 상태가 되기 마련이다.

주변 시야

반대로 중앙만 볼 것이 아니라 좌우 주변을 폭넓게 살피고 바라보는 것을 주변 시야라고 부른다. 사진의 종류에는 파노라마 사진(Panoramic Photograph)이란 것이 있다. 이것은 풍경이나 경치를 좌우로 폭넓게 보이도록 찍는 사진을 말한다. 이 경우 시야가 좌우로 탁 트이고 시원한 느낌을 주어서 좋다. 이것이 바로 주변 시야에 해당한다. 그리고 앞에서 설명했던 하칼라우가 바로 주변 시야에 해당한다.

우리가 스트레스를 겪거나 심리적으로 힘든 일이 있을 때 등산을 가서 산꼭대기에 올라가거나 바닷가에 가서 경치를 보게 되면 자연스레 주변 시야로 바뀌게 된다. 주변 시야란 것은 시야 자체가 중앙에서 벗어나 좌우의 주변으로 넓어지고 확장되는 것을 말한다. 크게는 좌우로 180도 넓이만큼의 시야가 확보될 수 있는 것이

주변 시야다. 산꼭대기에서 지평선을 보거나 바닷가에서 수평선을 볼 때 시선을 가로막거나 단절시키는 그 어떤 것도 없는 상태가 되므로 자연적으로 시야는 주변으로 확 퍼지게 되어 그러한 주변 시야 상태에서는 시원함을 느낀다.

잉크나 물감 방울을 맑은 물에 떨어뜨리면 어떻게 될까? 아무리 진한 잉크라 하더라도 물에 떨어지는 순간 용해되면서 퍼져 나간다. 그리고 물속에서 잉크의 분자는 모두 흩어지면서 퍼져 버리

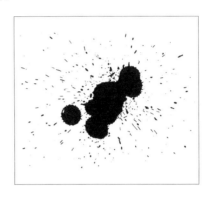

기 때문에 육안으로는 잉크의 흔적을 찾기가 어렵다. 그래서 그 물에 잉크가 있는지 없는지 알 수 없게 된다.

산과 바다에서 경험하는 것도 이와 유사하다. 처음에는 잉크 방울과 같이 선명한 스트레스나 고통의 문제를 갖고 있었다고 하더라도 우리가 충분한 주변 시야 상태를 경험하면 그러한 스트레스나 고통의 문제에 대한 마음은 물속에서 잉크 방울이 희석되어 엷어지면서 점차로 흩어지고 사라져서 더 이상 찾을 수 없듯이 그렇게 사라지게 된다. 그래서 신기하게 느껴지는 것이다. 얼마나 멋진 일인가?

그런데 산과 바다가 스트레스 해소에 이렇게 좋은 줄은 알지만 여건상 산과 바다에 갈 수 없을 때는 어떻게 할까? 그래서 개발된 것이 바로 쫌쫌기법이다. 쫌쫌기법의 핵심은 좌우로 펼쳐진 시야,

즉 주변 시야다. 두 손으로 쫌쫌 동작을 취하고, 두 개의 눈동자는 앞을 향해 있지만 그 쫌쫌 동작을 좌우로 동시에 볼 수 있다는 것은 바로 주변 시야 효과를 만들고자 하는 것이다. 결국 쫌쫌기법에서는 주변 시야 효과를 직접적으로 경험할 수 있는데, 그것이 바로 바다에서 경험하는 180도 좌우로 펼쳐진 주변 시야의 효과와 같은 것이다. 또한 산꼭대기에서 경험할 수 있는 380도까지 트여 있는 주변 시야의 효과와 같은 것이다. 그래서 쫌쫌기법은 산과 바다에 가는 것에 비견될 수 있는 효과를 보인다.

||| 스트레스와 중앙 시야 |||

우리가 만약 스트레스를 겪는다면 그 스트레스의 문제가 해소될 때까지 일반적으로 중앙 시야 상태를 경험하게 된다. 왜냐하면 스트레스는 무의식적으로 우리의 심신에 영향을 미치기 때문이다. 어떤 문제 때문에 마음의 상처를 입거나 심신의 고통을 겪는 동안에도 우리는 중앙 시야 상태에 들어가게 된다. 상처나 고통은 잊혀지지 않고 계속 심신에 남아서 영향을 미친다.

미국의 저명한 심리학자인 에이브러햄 매슬로(Abraham Maslow) 박사는 욕구 단계설로 잘 알려져 있다. 심리학적 개념으로서의 욕구란 결핍과 관련되는데, 결핍된 것을 충족하기 위하여 추구하고 바랄 때 경험하는 심리적 상태다. 매슬로에 따르면 인간은 기본적으로 다섯 가지의 기본적인 욕구를 가지는데, 그것은 생존과 관련되는 생리적 욕구, 안전과 안정의 욕구, 애정과 소속감의 욕구, 존중의 욕구, 자아실현의 욕구와 같은 것이다. 물론 말년에 다섯 번째 욕구 이상의 욕구를 추가하긴 했지만 이 다섯 가지 욕구가 가장 기본적인 것으로 잘 알려져 있다.

이 욕구의 개념은 생물학에서의 동질정체나 항상성(homeostasis)의 원리와 관계있다. 원래 항상성의 개념은 생물체는 내적 균형 상태를 유지하고자 하는 특성이 있다는 점을 전제로 한다. 그래서 생체는 몸 안의 수분을 일정한 수준으로 유지하고자 하는데 만약 어떤 이유로 그 정도가 부족하게 되면 결핍감과 함께 갈증을 느끼게 된다. 마찬가지로 건강한 사람의 경우에는 $100cm^3$이 혈액당 $60\sim90mg$의 혈당이 유지되는데 이 수준 이하가 되면 심한 경우 혼수 상태에 빠지기도 하고 당뇨병으로 연결되기도 한다. 또한 칼로리가 일정수준 이하로 떨어지면 그 결핍감이 기아감 내지 공복감과 같은 형태로 나타나면서 식욕을 느끼게 된다.

자아실현의
욕구

자기존중의
욕구

소속 및 애정의 욕구

안전의 욕구

생리(생존)적 욕구

매슬로의 다섯가지 욕구 단계

그런데 매슬로가 주장하는 욕구 단계론에서의 욕구들은 모두 위계관계를 이루고 있기에 하층의 욕구가 충족되기 전에는 상층의 욕구가 생기지 않거나 하층의 욕구가 충족되어야 비로소 자연스럽게 상층의 욕구가 생기거나 그쪽으로 이동하게 된다고 할 수 있다. 그래서 이를 두고 욕구위계설이라고도 한다.

여기서 생각해야 할 것은 특정 수준의 욕구가 충족되지 않으면 앞에서 설명한 항상성의 원리에 따라 자기도 모르게 결핍된 쪽으로 마음이 향하게 되거나 그쪽으로 집중을 하게 되면서 그 외의 다른 것을 생각하지 못하게 된다는 것이다. 배고플 때는 먹는 것만 생각하고 외로울 때는 함께 있으면 좋을 사람이나 대상을 생각하게 된다. 그러므로 그보다 상층의 욕구를 충족하는 방향으로는 마음이 가지 않는다.

실제로 우리가 일상에서 쉽게 경험하는 현상이지만, 어떤 바쁜 일을 하느라 식사 때를 놓치고 굶고 계속 일을 한다면 결핍감으로 인해 배고픔의 스트레스를 경험하게 된다. 그럴 경우에 일을 하더라도 자꾸만 먹는 생각이나 음식 생각을 하게 될 것이다. 그래서 일에 집중하기가 쉽지 않을 것이다. 이 경우에 우리는 터널 비전 또는 중앙 시야 상태에 놓이게 된다고 할 수 있다.

그래서 나중에라도 식사를 하여 배고픔을 해결하게 되어 결핍을 충족하게 되면 더 이상 음식 생각을 하지 않고 비로소 일에 집중할 수 있을 것이다. 일을 할 때는 일에 집중을 해야 하는데 음식에 자꾸 신경을 빼앗기고 심한 경우에는 음식 생각만 하게 되어 일을 제대로 할 수 없을 것이며 그러면 일의 효율도 떨어지는 것이 당연하다.

특히 트라우마를 경험하거나 어떤 이유에서든 심신의 고통이 있을 때는 무의식적으로 그쪽 방향으로 신경이 쓰이고 마음을 빼앗기게 된다. 즉, 중앙 시야 상태가 심해진다는 뜻이다. 그래서 다른 일을 하는 데 방해를 받을 뿐만 아니라 심신의 에너지도 크게 소모될 수 있다. 인체에서 에너지가 과소비되면 항상성 상태가 파괴되면서 자기보존 및 유지를 위한 에너지 수준이 저하되고 자연스럽게 면역력이나 자연치유력 수준도 떨어지게 된다. 그래서 심신이 스트레스에 대항할 수 있는 능력을 상실하면서 감염이나 질병에 쉽게 노출되고 건강에 위협을 받는 것이다.

12 심신상관성과 화병

앞에서 살펴봤던 스트레스는 마음의 문제이지만 몸의 문제로도 연결된다. 그러한 현상을 심신상관성이라고 한다. 심신상관성의 원리에 따를 때 마음의 스트레스는 곧 몸의 증상을 유발하기에 우리가 과도한 스트레스를 받게 되면 몸에 병이 생길 수밖에 없다. 화병은 그러한 증상이나 병 중의 한 가지라고 할 수 있다. 우리가 쬠쬠기법의 효과에 대해서 잘 이해하기 위해서 심신상관성의 원리와 화병에 대한 지식이 크게 도움이 될 수 있다.

인간은 생물학적으로 몸을 갖고 살아가지만 동시에 인간에게는 마음이란 것이 있다. 인간은 '생각하는 동물'이라는 말이 있듯이 인간에게서 생각, 즉 마음은 떼어 낼 수가 없다. 열길 물속은 알아도 한 길 사람 속은 모른다고 할 때 그 사람 속이라는 것은 마음을 말하는 것일 게다. '일체유심조'라고 하는 말도 결국은 마음이 그만큼 중요하다는 의미를 담고 있다. 이렇게 볼 때 마음이란 것은 몸과는 구별되어 존재하는 것이라고 할 수 있다.

하지만 서양의 과학이나 의학에서는 마음의 존재에 대해서 제대로 인정을 하지 않으려 했을 뿐만 아니라 그것을 학문적으로 접근하려는 노력도 별로 하지 않았다. 종교적 차원을 제외하고는 별로 다루지 않다가 그나마 20세기 전후 프로이트(Simund Freud)의 정신분석학의 등장 이후에야 겨우 마음에 대한 학문이 발달하게 되었다고도 볼 수 있다.

몸은 마음과는 관계없는 것이라거나 마음 또한 몸과는 무관한 것이라고 보는 기존의 학문에서 몸에 대한 생물학, 생리학, 해부학을 바탕으로 하는 의학이 발달하였다. 하지만 정신분석학을 비롯하여 심리학이 발달하면서 마음에 대한 탐구가 활발해졌지만, 전통적으로는 몸을 다루는 분야나 마음을 다루는 분야는 서로 무관하게 독립적으로 발전해 왔다. 하지만 마음의 작용이 몸의 생리적 작용이나 기능에 영향을 미친다는 임상연구 결과나 사례들이 보고되면서 조금씩 심신상관성(mind-body connection)이란 개념 및 원리가 발달하기 시작하였다.

‖‖‖심신상관성‖‖‖

심신상관성이란 문자 그대로 몸과 마음은 하나의 체계이며 마음의 작용은 몸의 기능에 영향을 미치며 몸과 마음은 불가분의 유기적인 관계에 있다는 것을 의미한다. 그리고 그러한 논리에 바탕하여 이루어지는 의학이 바로 심신치료(mind-body therapy)나 심신의학(mind-body medicine)이다.

우리가 사탕이나 레몬을 생각하면 입에 침이 돌고 귀신과 같은 무서운 것을 생각하면 소름이 끼치거나 가슴이 두근거리는 현상, 근심 걱정을 많이 하거나 불안, 우울과 같은 스트레스에 시달릴 때는 소화불량을 비롯한 위장 장애, 두통을 비롯한 통증, 심장 장애와 같은 고통을 겪게 되는 것이 바로 심신상관성의 좋은 예가 될 수 있다.

결국 심신상관성은 곧 마음의 작용은 마음에서만 끝나는 것이 아니라 몸, 즉 신체에도 영향을 미치고 신체적 작용이나 기능과도 관련이 있다는 것을 의미한다. 이것은 기존의 심신이원론에 대비되는 개념이라고 할 수 있는데, 심신이원론은 몸과 마음은 무관한 별개의 것이라는 논리를 말한다. 그것은 고전물리학에 바탕한 논리에 해당하는데, 앞서 소개했던 양자역학이나 양자물리학이 발달하면서 몸과 마음은 별개의 것이 아니라 하나로 연결될 수 있다는 사실이 인정되었다.

심신상관성의 원리에 따를 때 심리적 작용으로 인해서 몸에서 분비되는 호르몬과 뇌에서 분비되는 신경전달물질의 종류나 정도가 달라질 수 있다고 말할 수 있다. 그래서 과거에는 없던 새로운 학문이나 분야가 발달하게 되었는데, 그중의 하나가 바로 정신-신경-면역계가 하나로 연결되어 있다는 전제하에서 성립된 정신신경면역학(psychoneuroimmunology: PNI)과 같은 학문이다. 그리고 이에 더하여서 정신-신경-내분비계-면역계가 하나로 연결되어 있다는 전제하에 정신신경내분비면역학(psychoneuroendocrimmunology: PNEI)과 같은 좀 더 복잡한 학문이 발달하게 되었다고 할 수 있다.

이러한 개념이나 학문들에 따를 때 정신적인 작용과 신경적 작용이 서로 관련될 뿐만 아니라 심지어는 면역 능력이나 내분비계의 작용까지도 심리적인 영향을 받는다는 점을 잘 이해할 수 있다.

따라서 신체적인 질환이나 고통 등도 스트레스나 마음의 상처와 같은 심리적인 마음의 작용에 의해서 유발될 수 있기 때문에 치료에 있어서도 반드시 기존의 약물치료나 신체치료와 같은 방법에 의해서만이 아니라 심리적인 방식도 유용하게 활용될 수 있음을 알 수 있다. 그래서 이들 분야에서는 심리적인 안정이나 이완을 통해서도 육체적인 질병이나 고통이 완화되거나 치료될 수 있음을 밝히고 있다.

화병의 심신상관성

우리나라에서 흔한 화병이란 것도 따지고 보면 그러한 심신상관성의 차원에서 이해될 수 있는 대표적인 질환이다. 화병은 원래 한(恨)에서 출발한다고 할 수 있는데 한이란 소화되지 않거나 해결되지 않은 부정적 정서의 응어리라고 할 수 있다. 그리고 화병은 그 한이 신체화되어서 나타나는 것이라고 하겠다.

여기서 우리가 한이라고 하는 것까지는 정서(감정)를 중심으로 하는 마음에 해당한다고 할 수 있으나 화병은 신체적인 증상으로 표출되는 병에 해당한다. 따라서 사람들은 신체적 증상을 위주로 병을 이야기하지만 그 근본 원인이 마음에 있다는 사실을 간과하기 쉽다. 그리고 설사 마음에 원인이 있다는 사실을 안다 할지라도 그 마음의 문제를 제대로 처리하기 어렵기 때문에 고통을 겪게 된다.

한과 화병에 대해서 조금 더 설명을 해 보자. 사실 한과 화병은 욕구에서 출발한다. 욕구란 우리가 무엇을 추구하고 바랄 때 경험하는 심리적 상태다.

우리는 욕구를 충족하기 전까지는 스트레스를 경험하게 된다. 그리고 그 스트레스는 불편감을 초래하면서 고통과 연결되는 부정적 경험이기 때문에 우리는 본능적으로 그것에서 벗어나려고 한다. 다행히 여건이 허락되어 욕구를 충족할 수 있을 때 스트레스에서도 벗어나며 만족감을 느끼게 되겠지만 그렇지 못할 때 욕구좌절에 따른 스트레스는 누적될 수밖에 없다. 누적된 스트레스 상태

에서는 의식적이든 무의식적이든 끊임없이 욕구충족의 기회를 찾게 되고 그동안에는 심적 에너지를 생산적인 활동에 제대로 적용하기 어렵게 될 것이다.

이렇게 충족되지 못한 좌절의 상태에서 경험하는 누적된 부정적 정서의 덩이가 곧 마음의 응어리로서 한이 된다고 볼 수 있다. 그리고 이 한은 심리적인 것이지만 심신상관성의 원리에 따라 몸의 신경–생리적 기능에 영향을 미치고 그래서 신체적 증상을 유발하게 되는데 이것이 곧 화병에 해당한다.

화병은 우리 민족이 독특하게 경험하고 우리나라 사람들에게서 보편적으로 나타나는 증상이자 일종의 질병이라고 한다. 다른 나라에는 이와 같은 증상이나 질병이 없다는 것이다. 화병이 유독 우리나라에만 있는 이유는 무엇일까? 그것은 아마도 오랜 전통의 유교문화의 영향인 것으로 풀이된다.

유교문화는 나름대로 장점도 많지만 폐해도 많았다. 대표적으로 개인보다는 집단이나 가문을 중시하며 가부장적인 권위주의와 수직적이고 차별적인 여러 가지 사회제도 및 엄격한 도덕률 때문에 일반 백성들은 자기를 억제하고 자신의 속내를 표현하지도 못했다. 그로 인해서 좌절감이나 욕구불만 상태가 오래 지속됨으로써 많은 한이 쌓이게 되었고 그 한은 결국 화병으로 발전할 수밖에 없었다. 이러한 문화적 풍토로 인해서 우리나라에서는 상담이나 심리 관련 분야도 다른 선진국들에 비해서 발전이 늦을 수밖에 없었다고 생각한다. 지금부터라도 우리의 심리에 관심 갖고 치유하는 풍토를 만들고 발전시키는 노력을 다해야 할 것이다.

13 좌우 뇌의 균형과 치유적 효과

쫌쫌기법에서의 쫌쫌동작은 손의 움직임을 사용하는 것이다. 이러한 손의 움직임에 의해서 유발되는 자극은 좌우 뇌의 균형을 도모하며 치유적 효과를 발휘하게 하는 데 도움된다. 그러므로 이와 관련한 과학적 원리를 이해하는 것은 쫌쫌기법의 원리와 효과성을 이해하는 데 크게 도움이 된다. 따라서 여기서는 그러한 이론들에 대해서 살펴보기로 하겠다.

좌우 뇌의 대칭성과 균형

인간의 뇌는 좌뇌와 우뇌 두 개의 반구로 구성되어 있다. 그런데

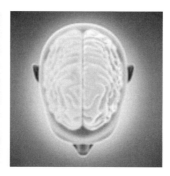

우뇌의 기능
• 직감적
• 본능적
• 창의적
• 전체적
• 예술(미술/음악)
• 새로운 일
• 사회성

좌뇌의 기능
• 순차/논리적
• 분석적
• 언어/수리
• 구체적
• 암기
• 반복적인 일
• 한 가지 일에 몰입

이 두 개의 대칭되는 뇌는 서로의 기능이 다르다는 특징을 가진다. 다시 말해서, 두 개의 뇌가 서로 대칭적이긴 하지만 각각의 역할과 하는 일이 다르다는 것이다. 즉, 좌뇌는 언어를 사용한 의사소통, IQ(지능지수), 산수, 의식적인 행동, 논리적 사고, 충동적인 행동 등을 담당한다. 그리고 우뇌는 표정 등을 사용한 비언어적 의사소통, EQ(감성지수), 무의식적인 행동, 사랑과 같은 추상적인 개념의 이해, 주의 깊고 안전한 행동 등을 주관한다. 그래서 인간은 이 두 가지의 뇌가 골고루 발달할 필요가 있다. 하지만 현실적으로 이러저러한 이유로 뇌의 불균형 상태가 조성되기 쉽다.

그런데 이 두 개의 뇌는 서로 균형과 조화를 이룰 필요가 있다. 그러한 균형과 조화가 유지되지 못했을 때 여러 가지 문제가 발생할 수 있기 때문에 좌우 뇌의 균형은 중요한 문제가 된다.

미국의 저명한 카이로프랙터(chiropractor, 척추지압사)로서 신경학의 권위자인 로버트 머릴로 박사(Dr. Robert Melillo)는 아이가 성장하면서 점차 뇌세포와 뇌세포를 잇는 가지(백색질)가 통합되고 튼튼해질 수 있다고 하였다. 하지만 성장하는 동안에 지나친 TV 시청, 컴퓨터게임, 임신 중 스트레스, 비만 등으로 인해 한쪽 뇌의 백색질만 발달하면 좌우 뇌가 제대로 이어질 수 없게 된다고 하였다. 그래서 뇌균형이 깨어지고 정신적 혼란이 생길 수 있기 때문에 그는 뇌균형을 잡아 줄 필요성을 느끼고 독자적인 뇌균형 프로그램(Brain Balance Program)을 창안해서 미국을 비롯하여 국제적으로 보급하고 있다.

또한 대한응용근신경학연구회 회장인 정형외과 전문의 이승원 원장은 좌뇌와 우뇌는 각기 다른 기능을 하면서 서로 부족한 점을 보완해 준다는 전제하에 두 개의 뇌가 비슷하게 발달할 필요가 있다고 하였다. 그렇지만 좌뇌와 우뇌는 여러 가지 이유로 불균형 상태가 될 수 있는데, 그렇게 되면 여러 가지 심신의 문제가 생길 수 있다고 하였다. 그래서 뇌의 불균형을 바로 잡아 줄 필요가 있다고 하였다.

실제로 뇌 불균형은 여러 가지 심신의 문제를 유발하는 원인이 되기 때문에 뇌의 균형을 맞추어 주는 것이 좋다. 일반적으로 유연하고 긍정적인 뇌가 스트레스를 잘 다룬다. 그리고 뇌기능이 최적 상태로 건강하고 좌우 뇌의 균형이 맞을 때 심리적 건강 상태를 유지할 수 있다. 뇌의 불균형을 바로잡는 데 가장 중요한 것은 바로 자극이다. 운동, 특히 좌우 손동작이나 시각적 운동과 같은 오감적 차원에서의 자극들은 좌우 뇌를 골고루 자극하는 효과를 주기 때문에 신체와 뇌기능을 보정하고 뇌의 기능적 불균형을 개선하는 데 도움이 되는 것으로 알려져 있다. 이들에 대하여 구체적으로 알아보자.

손 움직임의 효과

아기가 자랄 때 엄마가 가장 먼저 가르쳐 주는 말과 놀이가 있다. 그것은 바로 짝짜꿍, 도리도리, 쬠쬠, 곤지곤지 등과 같은 것이다. 이것은 말로만 끝나는 것이 아니라 동작과도 연결되면서 아기들이 운동을 하게 한다. 즉, 손을 움직이고 부딪치며 손가락을 쥐었다 폈다 할 뿐만 아니라 손가락을 손바닥에 찍기도 하면서 고개를 흔드는 동작들은 모두 아기들의 놀이에 해당한다.

우리나라에는 예부터 단동십훈(檀童十訓)이란 것이 있었는데 그것은 단군시대부터 내려 온 과거 왕족들의 교육방식으로, 돌이 안 된 아기들에게 가르치는 열 가지의 가르침이기도 한, 일종의 아기들의 놀이라고도 할 수 있다. 앞에서 말한 놀이들이 바로 그 예에 해당한다. 그중에서도 손을 움직이고 손을 쓰는 놀이들은 손근육이 발달하면 머리가 좋아진다는 믿음에 근거하여 이루어진다.

한의학에서 손은 인체의 모든 경락과 상호 연결되어 있는 곳으로 인체의 축소판이라고 할 수 있을 정도로 아주 소중한 것이다. 실제로 뇌지도란 것을 보면 손과 연관된 신경세포군이 다른 신체 부위와 비교해 훨씬 넓게 퍼져 있음을 알 수 있다. 그리고 손에 있는 경락과 혈을 자극하면 뇌가 그에 따라 반응한다. 따라서 손을 많이 움직이는 것은 그만큼 뇌를 자극하는 효과를 준다고 할 수 있다. 결국 아기가 쥠쥠과 같은 동작을 많이 하면 할수록 뇌에 자극이 많이 가게 되어 좋다고 할 수 있다.

서양의 대표적인 철학자 중 한 사람인 임마뉴엘 칸트(Immanuel Kant)도 손을 가리켜 '눈에 보이는 뇌의 일부'라고 말할 만큼 손의 가치가 크다는 점을 알고 있었다. 손은 뇌가 내리는 명령을 수행하는 운동기관이면서 동시에 뇌에 가장 많은 정보를 제공하는 감각기관이기도 하다. 이러한 손을 쓰면 혈액순환에 도움이 되고 전두엽을 자극해 뇌졸중이나 치매 예방에 도움이 된다.

오른손은 좌뇌, 왼손은 우뇌에 연결되어 있기에 양손을 적절히 자극해 주거나 양손 운동을 하게 되면 좌우 뇌를 골고루 자극하기 때문에 좌우 뇌의 균형을 도움으로써 정서 안정에도 좋고 뇌의 기능을 증진해 주면서 뇌를 깨우는 데도 도움이 된다.

어떤 긴장된 상황에서 우리는 '손에 땀이 난다.'는 말을 한다. 그리고 공포영화나 모험영화와 같은 것을 볼 때 '손에 땀을 쥐게 한다.'는 표현을 하기도 한다. 이러한 표현들은 모두 손이 정서와 밀접한 관계가 있음을 말하는 것이라고 하겠다. 실제로 심리적으로 긴장되거나 불안할 때 그러한 심리 상태는 우리의 손으로 나타나기가 쉽다.

그래서 사람들 앞에서 말하거나 발표를 할 때 불안하거나 긴장하는 사람은 손을 떠는 경우도 있다. 너무 긴장하다 보면 손으로 글씨를 쓰지 못하거나 자신의 손을 어떻게 처리할 바를 몰라 손을 만지작거리는 경우도 있다. 이 모든 것은 손이 정서 상태를 잘 반영하는 예에 해당할 것이다.

반대로 우리가 손을 잘 처리하거나 자극을 하면 오히려 심리적 안정을 위해서 도움이 된다고도 생각할 수 있다. 한의학적으로는 쫌쫌과 같은 손의 움직임이나 자극은 심포, 삼초를 강화시키는 작용이 있다고 한다. 그리고 맺힌 가슴을 풀어 주는 효과가 있으며 임맥과 독맥을 순환시켜 주는 효과가 있다고도 한다. 원래 손바닥은 예민한 부분이라 특히 기운을 느끼기가 쉽기 때문에 결국 손의 자극과 움직임은 기나 에너지의 순환 효과, 심리적 이완과 안정 효과, 기운의 향상 효과를 높인다고 할 수 있다.

눈운동의 치유적 효과

시각적 운동이란 결국 안구운동 또는 눈운동을 말한다. 적절한 눈운동 또한 뇌의 불균형을 바로잡는 데 도움된다. 특히 눈운동을 하면 시신경이 고르게 자극되며 안구와 연결된 뇌신경을 통해 뇌세포까지 자극이 고르게 전달되기에 뇌의 균형을 잡는 데 효과적이다. 그리고 그러한 효과는 심리적 이완이나 안정으로까지 연결된다고 할 수 있다. 이에 따라 눈운동을 비롯하여 눈을 통하여 심신의 안정을 꾀하고자 하는 도구나 심리치료 프로그램들도 생겨났을 뿐만 아니라 실제로 병원 등지에서는 그러한 도구와 프로그램을 사용하고 있는 실정이다.

눈운동을 하면 기본적으로 눈의 피로가 풀리는 효과가 있다. 실제로 눈의 피로는 사물 한 곳을 집중하여 오래 주시함으로써 안근을 긴장시키게 되는 결과로써 생긴다. 그러므로 한 곳에만 시선을 집중하는 중앙 시야보다는 시선을 분산시키는 효과가 있는 주변 시야나 눈운동은 눈의 근육, 즉 안근의 긴장을 풀어 주기 때문에 당연히 눈 피로를 푸는 데 효과가 있다.

흔히 눈은 '마음의 창'이라고 한다. 그런 눈을 움직이는 운동을 하고 나면 시원해지고 기분이 좋아진다. 그래서 그런지 자연스럽게 스트레스도 쉽게 해소가 된다. 결과적으로 눈의 이완과 피로회복은 심리적인 이완과 안정감을 높이는 데 효과가 있다고 할 수 있다.

║║║눈운동 치유법║║║

눈운동의 중요성을 인식하고 눈운동을 통하여 심리치료를 하고자 하는 시도가 여러 가지 형태로 있어 왔다. 그중에서 대표적인 것이 바로 EMDR이다. 이것은 안구운동 민감 소실 및 재처리(eye movement desensitization & reprocessing)라고 하는 치료법으로 주로 눈동자를 움직이는 안구운동을 기반으로 하고 있다. 그런데 이 기법과 관련한 최근의 연구에 의하면 EMDR을 통하여 실연, 성폭행, 강간, 자연재해, 전쟁 피해자나 심각한 상처를 경험한 사람들 중 84~90%가 심리적인 고통이 감소된 것으로 밝혀졌다.

이 기법을 창안한 미국의 심리학자 프랜신 샤피로(Francine Shapiro) 박사는 안구, 즉 눈알을 굴리다 심리치료의 획기적인 발견을 한 것으로 잘 알려져 있다. 샤피로 박사에 의하면 과거의 안 좋은 기억을 떠올리면서 눈을 양쪽으로 움직이면 뇌에 갇혀 있던 기억이 처리되어 현재의 여러 증상들이 사라진다고 한다.

EMDR의 원리에 따르면 뇌에는 치유를 위한 메커니즘, 곧 적응적 정보처리 시스템이 내장되어 있으며 우리가 어떤 정서적 혼란을 경험하든 어느 정도 건강한 수준으로 적응하여 회복하도록 설계되어 있다고 할 수 있다. 그러나 트라우마와 같은 심각한 마음의 상처나 고통을 경험하게 될 때 그것은 정보처리 시스템을 압도하여 기억 네트워크 간의 연결을 방해하고 결국 그 고통의 경험은 뇌에 그대로 기억된다. 일상적인 스트레스의 경우에도 정도의 차이가 있을지 모르지만 마찬가지로 뇌에 기억된다고 할 수 있다.

하지만 EMDR에서는 그 고통스러운 생각이나 기억에 정신을 집중하여 치료자의 손을 따라 좌우로 안구운동을 하면 치유효과가 있다는 것을 치료의 핵심원리로 삼고 있다. 그래서 학계에서 EMDR이 처음 소개되었을 때 눈동자 움직임을 중심으로 한 단순하고 특이한 치료 원리와 기법 때문에 의학계에서 큰 논란이 있었지만 이후 수많은 임상사례와 연구 결과를 통해 트라우마 치유에 큰 효과가 있는 것으로 입증되었다. 국내 TV 프로그램에서도 여러 차례 소개된 바 있는 EMDR은 오늘날 실제로 미국뿐만 아니라 세계적으로 널리 보급되어 있다.

눈운동과 관련한 또 다른 프로그램은 바로 EFT(emotional freedom techniques)라는 것이다. 우리말로 '정서자유기법'이라고 하는 EFT도 국내 TV에서 여러 차례 소개된 바 있는데 다양한 심리적 효과뿐만 아니라 신체적 효과도 탁월한 것으로 알려져 있다. 필자 또한 EFT를 통하여 많은 임상적 효과를 보았다.

필자가 EFT를 활용하여 치료적 효과를 거둔 내용이 TV 프로그램에서도 여러 차례 방송된 바 있다. 그 대표적인 것으로 2003년에 발생한 대구지하철 피해자 2명에게 사고 5년이 지난 시기에 EFT를 적용하여 놀라울 정도로 큰 치료적 효과를 보인 사례를 꼽을 수 있다.

EFT는 손가락으로 특정 신체부위를 두드리면서 치료나 변화를 도모하는 기법이다. 한의학적 차원에서 봤을 때 경혈지점에 해당할 수도 있는 얼굴과 손, 몸통의 특정 부위를 손가락으로 두드리는 것과 함께 특히 두 눈동자를 좌우로 또는 360도 정방향과 역방향으로 각각 움직이면서 자신의 문제를 말하는 것이 EFT의 핵심이다.

EFT는 원래 미국의 게리 크레이그(Gary Craig)가 심리학자 로저 칼라한(Roger Callahan) 박사의 사고장요법(thought field therapy), 즉 TFT를 단순화시키고 업그레이드 시켜서 세계적으로 보급한 치유기법이다. 이것은 인체의 에너지 흐름은 기(氣)의 흐름과 같은 맥락에서 이해되며 몸의 특정한 지점을 두드린다는 것은 경혈에 침을 놓는 것과 같다고 하는 동양의학적인 패러다임에 바탕하여 개발되었다고 할 수 있다.

EFT의 핵심 원리는 인체 내에는 기에 해당하는 에너지 체계가 있으며 그것은 경락을 타고 흐른다는 것, 그리고 그 흐름이 막힐 때 문제가 생긴다고 설명한다. 그러므로 치료를 한다는 것은 특히 기가 모이고 출입하는 경락 지점, 즉 경혈 자리를 침 대신에 손가락으로 두드려 줌으로써 에너지의 흐름을 뚫어 주고 균형을 잡아 주는 것이라고 할 수 있다.

EFT에서는 눈동자의 움직임이 좌우의 뇌를 골고루 자극하는 효과를 야기한다고 본다. 따라서 효과적인 치유를 위해서는 각 타점에 적절한 자극을 주는 것과 함께 눈동자 움직임도 도움이 필요하다고 여기는 것이다. 아울러 EFT에서는 자신의 문제를 그대로 말로 표현하는 것도 중요한 치유 요인으로 꼽고 있다.

기타의 눈운동 치유기법

한편 NLP에서도 눈동자와 관련한 내용을 다룬다. 즉, NLP의 원리에 따를 때 우리가 내적으로 어떤 생각을 하거나 어떤 심리 상태에 있는지에 따라 눈동자의 움직임 방향이 달라진다는 것이다. 그리고 그러한 눈동자 움직임은 곧 좌뇌와 우뇌의 기능과도 관련된다고 본다. 그렇기 때문에 심리적으로 상처를 입었거나 트라우마 경험이 있을 때에는 눈동자 움직임도 달라질 수 있다. 그래서 치유를 위해서 오히려 눈동자의 움직임을 활용함으로써 내적·심리적 상태를 바꾸어 줄 수 있는 것이다.

NLP의 그러한 원리를 활용하여 개발된 것이 바로 눈동자움직임 통합(eye movement integration: EMI) 치료란 것이다. EMI는 원래 NLP의 글로벌 리더인 커니레 안드레아스와 스티브 안드레아스 (Connirae and Steve Andreas) 부부가 개발한 것이다. 그 후에 심리학자 다니 보루(Danie Beaulieu) 박사가 원래의 EMI를 더 정교하게 업그레이드 시켜서 오늘에 이르게 되었다. 아무튼 EMI는 NLP에 바탕하여 개발된 독특한 방법으로 다양한 방향과 방법으로 눈동자를 움직이고 돌리는 기법들을 활용한다.

한편, EMT(eye movement techniques)라고 하는 또 다른 눈동자 움직임을 활용하는 치유법이 있다. 그것은 미국의 심리학자 프레드 프리드버그(Fred Friedberg) 박사와 매튜 맥캐이(Matthew McKay) 박사가 공동으로 개발한 것이다. EMT 또한 여러 가지 심리적 문제를 해결하기 위한 방법으로 눈동자 움직임을 활용하고 있다.

앞에서 소개했던 방법들의 공통점은 눈동자의 움직임을 활용한다는 것이다. 하지만 쫌쫌기법에서는 눈동자의 움직임도 활용하지만 동시에 주변 시야법, 즉 정면을 바라보면서 눈동자를 움직이지 않고 주변이 시야에 들어오도록 하는 방법도 함께 사용하고 있다는 면에서 비교가 된다. 그와 더불어 자신의 문제를 말로 표현하게 한다는 것도 쫌쫌기법의 특징이라고 할 수 있다. 물론 두 손을 움직이는 쫌쫌기법도 특이하지만 이것은 앞에서 소개한 EMT에 기초하여 필자 자신이 만든 것이라고 할 수 있다.

14 언어표현을 통한 치유법, NLP와 최면

쩜쩜기법에서는 언어표현도 중시한다. 우리는 쩜쩜기법을 사용하는 가운데 언어표현을 통해서 내적인 스트레스나 긴장을 토로하게 된다. NLP와 최면도 기본적으로 언어표현을 통해서 이루어진다. 쩜쩜기법은 그러한 NLP와 최면의 원리를 바탕으로 하고 있다고도 할 수 있다. 그러므로 여기에서는 언어표현을 통한 치유법으로서의 NLP와 최면에 대해서 살펴보도록 하겠다.

NLP와 최면은 별개의 것이면서도 서로 밀접하게 관계가 있다. 왜냐하면 NLP는 여러 가지 이론적 기반 위에서 개발되었는데, 그중에는 최면의 원리도 포함되어 있기 때문이다. 그래서 NLP와 최면에서는 공통적으로 잠재의식 또는 무의식의 원리를 많이 활용한다. 뿐만 아니라 이 두 가지는 모두 언어표현을 통하여 이루어지기에 이들은 상호 공통성을 가진다. 이제 이들에 대해서 구체적으로 살펴보자.

NLP

NLP는 신경-언어프로그래밍(neuro-linguistic programming)이라고 하는 심리학적 이론 및 기법 체계라고 할 수 있다. 1970년대 중반 미국에서 리처드 밴들러(Richard Bandler)와 존 그린더(John Grinder) 교수에 의해 개발되고 그의 많은 제자들과 동료들에 의해서 발전된 NLP는 특히 당대 최대의 심리치료전문가들의 치료 원리와 기법들을 체계적으로 모방하고 통합하여 이루어진 것이다.

그런데 NLP는 컴퓨터 분야에서 사용되는 자연언어 프로그래밍(narural language programming)이란 것과는 전혀 무관한 것으로 오히려 주로 심리학적 원리를 바탕으로 하고 있으면서 오늘날 전 세계적으로 보급되어 변화, 치유와 치료, 코칭, 교육, 경영, 리더십 등의 여러 분야에서 활발하게 적용되고 있다. 필자도 NLP로 상담과 심리치료를 하면서 또 국제공인 트레이너로서 NLP를 가르쳐 왔다.

NLP에서의 첫 번째 글자 N은 신경(neuro)을 의미한다. 이것은 인간의 생물학적 본질을 말해 주는 개념이다. 즉, 생물학적으로 인간은 뇌를 중심으로 하는 중추신경계와 나머지 말초신경계로 이루어진다고 볼 수 있으며 모든 신경적 작용은 뇌의 작용과 함께 오감을 중심으로 하는 말초신경의 신경적 작용에 의한 것이라고 할 수 도 있다.

두 번째 문자인 L은 언어(linguistic)에서 온 말이다. 언어는 인간 이 상호 의사소통하기 위해서 사용하는 모든 말을 비롯한 각종의 언어를 포함한다고 할 수 있다.

세 번째 문자인 P는 프로그래밍(programming)을 의미하면서 인 간의 모든 경험과 학습은 뇌회로가 만들어지고 신경망이 형성되어 굳는 과정이라는 맥락에서 설명하고자 한다. 새로운 뇌회로나 신 경망이 만들어지는 과정을 프로그래밍이라고 할 수 있다. 이렇게 본다면 인간의 모든 삶의 과정은 프로그래밍 과정이라고 할 수 있 는데, 그 프로그래밍은 다른 프로그래밍이 아니라 신경-언어 프로 그래밍인 것이다.

겉으로는 이렇게 어렵게 설명되는 NLP는 기본적으로 인간의 마 음 작용과 행동에 대해서 취급한다. NLP의 원리에 따를 때 우리는 세상에서 일어나는 일이나 상황, 사건들에 대해서 자신이 갖고 있 는 마음의 상태에 따라서 다르게 평가하게 된다. 그리고 우리가 어 릴 때 성장하면서 또는 살아가면서 경험하고 학습하는 바에 따라 마음이 구성되면서 그것에 근거하여 세상 일을 해석하고 평가하게 된다.

그런데 그 모든 과정은 표면의식이 아니라 잠재의식 또는 무의 식 차원에서 이루어지기 때문에 우리가 자의적으로 조절하기가 어 렵다. 왜냐하면 일반적으로 우리는 잠재의식이나 무의식의 원리와 작용법칙에 대해서 모르기 때문이다. 그러나 NLP는 그러한 잠재의식을 다루면서 기법으로 활용하기 때문에 효과적으로 마음작용을 바꿀 수 있게 된다.

NLP의 목표는 건강하고 바람직한 마음 상태와 구조를 형성하여 프로그램화하고자 하는 것이다. 모든 마음 상태나 마음의 구조는 건강하고 바람직한 것일 수도 있지만 그렇지 못할 수도 있다. 그렇기 때문에 NLP는 기존의 건강하지 못하고 바람직하지 못한 마음의 상태나 구조를 변화시키고 건강하고 바람직한 방향으로 수정함으로써 새로운 프로그램화를 하고자 한다.

잠재의식과 무의식에 접속하고 무의식의 자원을 효과적으로 활용할 수 있는 좋은 원리가 곧 트랜스라는 것이다. 이에 대해서는 이미 앞에서 구체적으로 설명하였는데, 트랜스 상태에서 우리는 보다 효과적으로 기존 프로그램을 수정하며 새로운 프로그램을 형성할 수 있게 된다.

트랜스 상태를 만들고 프로그램의 형성과 수정에 가장 밀접하게 관련될 수 있는 전형적인 방법이 바로 연합(association)과 분리(dissociation)라고 할 수 있다. 연합은 어떤 대상에 몰입하고 집중하는 것을 말한다. 연합의 상태에서는 감정과 정서가 자극을 받고 감정적 반응이 유발될 수 있다. 일반적으로 우리가 감정적 경험을 할 때는 연합된 상태라고 할 수 있다. 예를 들어, 지금 당신이 가장 좋아하는 음식을 한 가지 생각해 보자. 그것은 어떤 음식인가? 모양은 어떠하며 냄새는 어떠한가? 맛은 어떠한가? 그 음식을 입에 넣고 씹는다면 식감은 어떠한가? 입에서 씹고 목구멍으로 넘기는 느낌은 어떠한가?

지금 이상의 질문을 읽는 동안에 독자들은 실제로 그 음식을 떠올리고 그것을 먹는 상상을 했을 것이며 맛과 냄새까지도 느꼈을 수 있고 입으로 침이 넘어가는 것도 경험했을 수 있다. 물론 개인차가 있기에 전혀 그런 느낌을 받지 못한 독자들도 있겠지만 대부분은 비슷한 경험을 했을 것이다. 이것이 바로 연합이다. 이처럼 연합이란 어떤 상황에서 어떤 대상에 몰입하거나 집중하는 것을 말한다. 어떤 경험을 할 때 주관적으로 몰입하고 상상 속에서라도 집중하여 그 상상을 현실적으로 느낄 수 있는 것이 연합이다.

반면에, 분리는 연합의 반대로서 탈감각 상태라고 말할 수 있다. 조금 전의 그 음식을 멀리 떨어져서 바라본다고 생각해 보자. 조금씩 그 음식을 멀리 떨어지게 하여 최종적으로는 시야에서 완전히 벗어나게 하여 전혀 보이지 않는 먼 곳으로 보냈다고 생각하는 것이다. 그러면 어떤 현상이 일어날까? 조금 전 연합을 할 때와 무엇이 다른가? 결국엔 아무런 느낌이 없고 음식과 무관해지는 느낌을 느꼈을 것이다. 그것이 분리다. 분리는 문자 그대로 특정한 상황이나 대상과 무관한 상태로 멀어지고 탈감각하는 것을 말한다.

그런데 연합과 분리가 어느 경우에든 제대로 이루어지기 위해서는 트랜스의 원리가 적용된다. 즉, 연합할 때는 그때대로 집중하고 몰입을 하게 되는데, 그것을 트랜스 상태라고 할 수 있다. 반면에, 분리할 때도 마찬가지로 멀어지는 경험을 하는 동안에 막연하고 멍한 상태가 되면서 역시 트랜스 상태가 될 수 있다. 이 제한된 지면에서 상세하게 설명할 수 없지만 중요한 것은 연합과 분리, 그리고 트랜스란 것은 그만큼 NLP를 이해하는 데 중요한 개념이자 경험이라는 것이다.

일반적으로 우리가 스트레스를 받는 것은 부정적 경험에 대해서 연합하기 때문이다. 우리는 슬픔, 분노, 불안, 외로움과 같은 부정적 경험에 연합된 상태에서 실제로 그 감정을 느끼고 힘들어한다. 특히 심각한 마음의 상처를 입거나 트라우마 경험을 할 때는 연합의 깊이가 깊다고 할 수 있다. 이러한 연합 상태를 곧 중앙 시야 상태라고 할 수 있다. 왜냐하면 연합된 상태에서 우리는 그 감정에서 벗어나지 못하고 그것에만 집중하거나 그것에 마음이 계속 끌려가기 때문이다.

이와 같은 연합의 상태에서는 빨리 분리할 수 있으면 좋다. 여기서 분리를 한다는 것은 곧 그 경험에서 마음이 물러서는 것을 말한다. 그렇게 하기 위해서는 그 경험에 대한 기억 자체를 멀리 보내는 것이다. 또는 먼 곳에서 바라보듯이 관조하는 것이다. 여기서 바로 주변 시야의 필요성이 생긴다. 주변 시야란 결국 관조하고 분리하는 기법의 한 가지라고 생각할 수 있다.

과거에 불행한 일을 겪게 되면 세월이 지나도 그 기억에서 벗어나기 어렵고 그래서 후유증에 시달리게 된다. 그런데 만약 그 장면을 하늘의 비행기 창문을 통해서 바라볼 수 있다면 어떻게 될까? 아니면 비행기 높이보다 10배, 100배 이상 높은 곳에서 그 장면을 바라본다면 어떤 기분이 들까? 물론 개인차가 있겠지만 이상하게 그 기억에서 멀어지는 기분과 함께 부정적인 정서나 감정을 덜 느끼게 되며 심리적으로 편안해지는 느낌을 가질 수 있게 된다. 여기서 트랜스 경험을 하게 되고 멍하거나 막연한 느낌을 느낀다. 분리가 된 것이다. 그리고 다시 옛일을 생각할 때 이상하게도 그 일이 생각이 잘 나지 않거나 생각이 나더라도 희미하게 또는 덜 예민하게 마음에 떠오를 수 있다. 이러한 모든 것은 주변 시야 효과와도 같다고 하겠다.

‖‖ 최면 ‖‖

오늘날 사람들은 최면을 주로 TV 프로그램을 통해서 접한다. 물론 영화나 소설에서도 최면을 다루는 것이 가끔 있긴 하지만 TV 프로그램이 최면을 가장 빈번하게 다루는 것이 사실이다. 그래서 실제로 최면 경험을 하거나 최면을 실제로 하는 장면을 본 사람들은 드물지만 많은 사람들은 최면이 어떤 것이라는 짐작 정도는 하

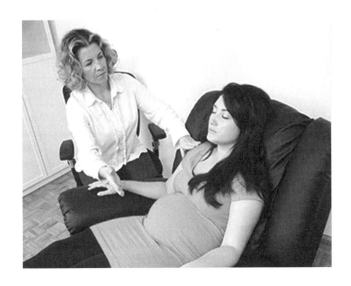

게 된다. 그것이 정확한 것이든 틀린 것이든 상관없이 대부분의 사람들은 최면에 대해서 나름대로의 이미지들을 갖고 있다.

하지만 최면에 대해서 정확하게 알고 있는 사람은 의외로 드물다. 다시 말해서, 거의 모든 사람들은 최면에 대해서 잘 모르고 있거나 오해를 하고 있다고 할 수 있다. 그만큼 최면은 잘 알려지지 못하고 있는 상태다. 그래서 여기서는 간단하게나마 최면에 대해 소개하고자 한다. 왜냐하면 쫌쫌기법에는 최면의 원리도 가미가 되어 있기 때문이다. 그래서 쫌쫌기법의 원리나 효과에 대해서 제대로 알기 위해서는 어느 정도라도 최면에 대한 이해가 필요하다고 생각한다.

오늘날의 최면은 18세기 유럽에서부터 시작되었다. 물론 주술적이고 종교적인 차원에서 사용되었던 고대 최면도 있지만 그것은 오늘날의 최면 형태는 아니다. 그래서 여기서는 18세기 이후에 발달한 최면에 대해 살펴보도록 하겠다.

최면에 대해 이야기를 하게 될 때 대부분의 사람들은 프로이트를 떠올린다. 그만큼 그는 대중적으로 잘 알려진 의사이자 심리학자이면서 최면가로서 활동했던 경험이 있기 때문이다. 그는 최면치료 경험을 통하여 무의식의 원리를 깨우쳤고 그것에 바탕하여 무의식을 중시하는 정신분석학을 창시할 수 있었다. 그리고 그 정신분석학은 심리학과 정신의학의 새로운 지평을 열었다.

하지만 프로이트는 기존 전통 최면이 가지는 한계를 극복하지 못하였고 그로 인해서 의도하지는 않았겠지만 최면의 부정적인 이미지를 많이 남겼다. 그와는 다르게 미국의 정신과 의사이자 심리학자인 밀턴 에릭슨(Milton Erickson)은 전통 최면의 한계를 뛰어넘는 새로운 차원의 최면을 발전시켰고 그로 인해 1950년대 이후에 최면은 새로운 부흥기를 맞게 되었다. 사실 그 이전에는 프로이트의 여파로 최면은 암흑기를 거치고 있었다.

에릭슨은 기존의 전통적 최면이 직접적이고 명령적, 지시적인 성향 때문에 최면유도에 어려움이 있거나 보다 효율적인 치료가 잘 되지 않는다는 한계를 극복하고 비지시적이고 간접적이면서 허용적인 최면을 발전시킴으로써 새로운 에릭슨최면 시대를 열었다. 과거에는 최면가가 권위자로서 대상자에게 일방적인 지시를 통해서 최면유도를 했다면 에릭슨최면에서는 대상자의 입장에 맞추어 주는 가운데 그가 자연스럽게 최면유도에 따라오도록 하였다. 또한 최면가는 대상자로 하여금 그가 가진 내적 잠재력을 자발적으로 발휘할 수 있도록 격려하고 촉진하는 역할을 함으로써 보다 효과적인 치료가 가능할 수 있게 하였다.

이러한 간접적이고 허용적인 원리는 NLP를 개발하는 과정에 흡수되었다. NLP는 몇몇의 심리치료가들이 주로 사용하는 치료원리와 기법을 통합했다고 할 수 있는데, 에릭슨의 최면도 NLP의 핵심적인 원리로 통합되었다. 그래서 NLP와 최면은 겉으로는 별개로 발전한 것 같지만 내용상으로는 서로 무관할 수 없는 것이다.

우리가 경험을 할 때 그 경험의 내용은 무의식에 저장된다. 시간이 지나면서 그 기억이 의식선상에서는 망각될 수 있겠지만 무의식에서는 사라지지 않는다. 그런데 부정적인 기억이나 상처와 같은 것들은 의식적 망각과는 상관없이 무의식 차원에서 저장되어 있으면서 몸과 마음의 양쪽 차원에서 영향을 미친다. 심신상관성의 원리에 따라 과거의 경험에 기초하여 현재적 신체 상태가 영향받아 고통을 받을 수 있다. 그러한 예들은 무수히 많다.

그러므로 최면에서는 어떤 사람이 과거의 경험이나 기억 때문에 힘들어할 때 그것에서 벗어날 수 있도록 돕는다. 우리가 컴퓨터에서 문서작업을 할 때 일단 저장된 문서를 수정하고자 한다면 특별한 기법이 필요하다. 어떤 문서를 저장한 후에 출력을 했다면 그 문서 자체도 그러하지만 저장된 파일 내용을 일방적으로 수정할 수는 없다. 수정을 하기 위해서는 수정 모드로 들어가야 한다. 컴퓨터를 사용하여 문서작성을 할 줄 아는 현대인들은 누구나 그런 원리를 알 것이다.

최면에서도 마찬가지다. 인간의 기억도 저장된 문서와 같다. 그래서 기억 내용을 수정하기 위해서 최면유도를 한다는 것은 곧 수정 모드로 들어가는 것과 같다. 수정 모드에서는 자유롭게 원자료를 취급하고 수정할 수 있다. 마찬가지로 최면유도가 되어서 최면에 걸려 있는 사람들에게는 자유롭게 무의식의 자료에 접근하고 그것을 바탕으로 하여 수정할 수 있다.

스트레스를 받고 그것 때문에 힘들다면 무의식에 스트레스 관련 정보가 입력되고 기억되어 있다고 할 수 있다. 그런데 최면이나 NLP를 통해서 그것을 처리할 수도 있다. 하지만 그렇게 하기 위해서는 전문가의 도움이 필요하고 상당한 시간도 걸릴 수 있다. 이런 상황에서 최면효과를 낼 수 있는 쉬운 방법도 있을 수 있는데 그것이 바로 쬠쬠기법이다.

쫌쫌기법에서의 주변 시야 효과는 최면에 걸렸을 때 경험하는 트랜스 효과와 같다. 트랜스 상태에서는 무의식에 쉽게 접속할 수 있고 무의식 내용에 대한 수정이 가능하다. 그러므로 주변 시야 상태에서는 무의식의 스트레스와 관련한 내용이 희미해지고 쉽게 삭제될 수 있다.

언어표현의 치유적 효과

물론 주변 시야 효과 한 가지만으로서도 상당한 효과를 낼 수 있겠지만 쫌쫌기법에는 그 이상의 다른 원리들도 적용되기 때문에 효과는 크다. 여기서 더 보태고 싶은 또 다른 원리는 곧 말로 표현(speak out)하는 것이다.

앞에서 소개했던 NLP와 최면은 언어표현과 대화를 통해서 이루어진다는 공통점이 있다. 즉, 자신의 문제에 대해서 말로 표현한다는 것이다. 아무리 대단한 치유법이라도 대상자가 자신의 마음 상태나 고통에 대해서 말로 표현하지 않으면 도움이 될 수 없다. 그래서 어떤 형태로든 자신의 불편함과 고통스러움, 그리고 스트레스 상황에 대해서 말로 표현해야 하는 것이다. 그런 의미에서 언어적으로 표현하는 것의 치유적 효과는 크며 중요한 가치를 가진다.

언어로 표현하기, 즉 말하기는 자기의 속내를 털어놓는 것이다. 우리는 사회적 동물이면서 관계적 존재로서 자신의 감정이나 생각들을 표현하면서 살아간다. 때로는 서로 공감을 하면서 때로는 주장도 하는 가운데 논쟁을 하고 서로의 생각을 나누며 감정을 토로하는 가운데 무엇인가 해소되고 시원해지는 느낌이 들 수 있다. 우리는 일상의 스트레스가 있어도 가족이나 친구들과 대화를 하거나 자신의 속내를 털어놓고 위로나 공감을 받으면서 마음을 털고 해소하기 마련이다. 또한 우리는 친구들과 수다를 떨고 나면 스트레스가 해소되는 경험을 한다.

심리학적 차원에서 이해하자면 인간에게는 표현의 욕구가 있다. 그래서 인류는 고대로부터 노래, 그림, 춤과 같은 형태로 자신의 욕구와 소망 등을 표현해 왔다. 그리고 그러한 표현물들은 예술적 가치를 지니면서 후대로 전해져 내려오고 있다. 하지만 표현의 욕구는 꼭 그러한 예술적인 형태로만 드러나는 것이 아니다. 오히려 가장 쉽고 흔한 것이 바로 일상에서 이루어지는 대화와 의사소통이다. 가까운 가족과 친구들 사이를 결속시키고 유지시키는 것은 바로 서로 간의 대화와 의사소통이라고 할 수 있다. 그렇기 때문에 인간에게서 그러한 대화와 의사소통이 없다면 관계는 단절되기 쉽다.

인간에게 있는 표현의 욕구와 관련해서 '임금님 귀는 당나귀 귀'라고 외친 이발사에 대한 이야기는 유명하다. 아무도 모르는 임금님의 귀에 대한 비밀을 혼자 알고 있는 이발사는 임금님의 명령에 따라 아무에게도 그러한 말을 하지 못하고 소문을 내어서는 결코 안 되었다. 하지만 끝까지 그 비밀을 지키고 아무에게도 말을 하지 못하는 그 마음은 얼마나 답답했겠는가? 결국 그는, 요즘 말로 하면 스트레스를 견디지 못하고 숲에서라도 비밀을 발설할 수밖에 없었다. 그만큼 인간에게는 표현의 욕구가 크다고 할 수 있다.

표현과 관련해서 언어장애가 있는 사람에 대해서도 생각해 볼 수 있다. 사실은 그들도 비록 말은 못할지라도 손짓, 몸짓, 얼굴표정과 같은 것을 통해서도 대화를 하고 소통을 할 수 있다. 그래서 인간의 삶에서는 어떤 형태로든 표현이나 대화가 없을 수가 없다. 그리고 행복한 가정, 가족, 관계일수록 소통이 원활하다. 반면에, 소통이 되지 않을수록 가정에는 그림자가 드리우고 소통이 단절될 때 가정은 깨지고 부부는 이혼이라는 막다른 골목으로 치달을 수 있다.

자폐아는 어느 누구에게 자신의 생각이나 마음을 표현하지 않고 다른 누구와도 소통하지 않고 대화를 하지 않는 아이다. 물론 그러한 현상은 심리적으로 상처가 있거나 두려움, 불안과 같은 심리를 가질 때 나타날 수 있지만 그 상태가 지속된다면 적응상에 심각한 문제를 갖게 됨은 물론이다.

오늘날 노령화가 가속화될수록 노인들의 정신건강에 대한 관심이 커져가고 있다. 핵가족화가 가속화된 현대의 도시문화 속에서 노인들은 대화의 상대가 없는 상태에서 고독하게 지내기가 쉽다. 병원에 입원한 환자도 말벗이 있고 소통을 많이 할수록 회복률이 높다고 한다. 그렇다면 노인들도 주변에 속내를 털어놓고 대화할 수 있는 사람들이 많고 또 그런 대화의 기회를 많이 가질수록 건강한 노년생활을 보낼 수 있을 것이다. 그만큼 자기 자신을 표현하고 대화를 한다는 것은 인간생활에 있어서 필수적이면서 정신건강 차원에서도 중요하다.

상담학에서는 자기의 속내를 털어놓는 것, 즉 자기노출의 치유적 효과를 크게 인정한다. 그래서 평소에 자기노출을 많이 하는 사람일수록 정신건강 정도도 높다고 하는 연구결과가 많다. 반면에, 자기노출을 하지 않고 속내를 들추어내지 않는 사람들은 평소에 자신을 억압하고 살기 때문에 원만한 인간관계를 형성하는 데도 어려움이 있지만 정신건강상 여러 가지로 불리하다고 할 수 있다. 그래서 심리학이나 상담학에서는 정신건강을 위하여 적절한 자기노출을 권하는 것이다.

이렇게 볼 때 쥠쥠기법에서 자신의 문제나 고통, 스트레스 내용을 혼잣말이긴 하지만 반복적으로 말로 표현하는 것은 자기노출의 효과로 작용한다고 볼 수 있다. 더 이상 억압하지 않고 자신의 문제를 말함으로써 자기를 객관화하는 효과와 함께 자기노출하는 효과도 얻게 되는 것이다.

15 양자물리학

쬠쬠기법의 효과를 일반적인 상식이나 논리로서는 이해하기 어렵다. 오히려 양자물리학적으로는 설명이 가능하다. 쬠쬠기법의 원리는 보이지 않는 잠재의식과 에너지의 흐름과 같은 미시세계를 전제로 한다. 그런데 기존의 전통과학적인 입장은 일반적인 거시세계의 물리 현상이나 변화에 대해서 설명하는 데는 도움이 되지만 보이지 않는 미시세계를 설명하기에는 한계가 있다. 미시세계를 설명하기 위해서는 오히려 양자역학이나 양자물리학이 필요하다. 따라서 이 장에서는 쬠쬠기법의 원리와 효과성을 이해하기 위해서 양자물리학을 소개하기로 하겠다.

양자물리학은 양자역학(量子力學, Quantum Mechanics)을 기본으로 하는 현대물리학이다.

물리의 세계는 흔히 기초물리(고전역학)와 현대물리로 분류될 수 있으며, 기초물리의 경우는 뉴턴의 운동법칙이나 열역학 등이 대표적이다. 그리고 현대물리는 독일의 과학자 막스 플랑크(Max Planck: 1858~1947)에 의해서 시작되었다고 할 수 있다.

양자역학은 분자, 원자, 전자와 같은 작은 크기를 갖는 세계의 물리학을 연구하는 분야인데, 이 양자역학이란 학문을 이해하기 위해서는 양자(quantum)란 단어를 제대로 알아야 할 필요가 있다. 원래 이 양자의 개념은 광전 효과를 설명하기 위해 도입된 개념으로서 에너지라는 양이 연속체가 아닌 어떤 종류의 불연속적인 '입자'로서 행동하는 것처럼 보인다는 현상을 설명하기 위해서 나온 개념이다.

양자역학에서 다루는 주제는 작은 미시세계에서 일어나는 물리적 현상인데, 양자역학이라는 이름이 붙은 이유는 이렇게 작은 미시세계에서도 모든 것이 연속일 줄 알았으나, 이론으로 예측하고 실험으로 관찰되어 입증되는 물리량이 연속적이지 않고 뚝뚝 끊어지는 양자화(quantization)된 값으로 관찰되었기 때문이다.

실제로 1900년에 플랑크는 검은색의 물체에서 빛을 발하는 현상, 즉 흑체 복사(black body radiation)에서 기존의 이론과는 달리

열에너지가 양자화되어 나타나는 현상을 발견하였다. 이런 플랑크의 획기적인 아이디어에 이어 아인슈타인(Albert Einstein)의 특수상대성이론과 빛의 양자 이론 등 고전물리의 상식으로는 이해하지 못할 획기적인 이론, 즉 양자역학이 정립되었다.

플랑크가 양자를 발견한 배경에는 19세기 말 물리학자들을 괴롭힌 '흑체 복사' 문제가 놓여 있다. 당시의 물리학자들은 흑체가 어떻게 복사열을 방출하는지 검토했지만 곤란한 결과에 부딪쳤다. 1897년부터 몇 차례 실패를 맛보고 나서 플랑크는 흑체 복사를 예측하는 공식을 만든다. 그 과정에서 에너지의 가장 작은 단위에 해당하는 양자를 발견하게 되었다.

그렇다면 양자라는 것은 무엇일까? 양자란 불연속적인, 즉 띄엄띄엄 떨어져 있는 값을 지니는 알갱이라는 뜻이다. 광자는 불연속적인 값을 지니는 빛 알갱이다. 플랑크는 모든 에너지의 흐름은 이렇듯 불연속적인 양자의 흐름이라는 이론을 내세움으로써 연속적인 흐름이라는 고전역학의 많은 상식들을 엎어 버렸다.

실제로 19세기 중반까지의 실험은 뉴턴의 고전역학으로 설명할 수 있었다. 그러나 19세기 후반부터 20세기 초반까지 이루어진 전자, 양성자, 중성자 등의 아원자입자에 관련된 실험들의 결과는 고전역학으로 설명을 시도할 경우 모순이 발생하여 이를 해결하기 위한 새로운 역학 체계가 필요하게 되었다. 그리고 그 결과로 양자역학이 출발하게 되었는데, 이는 곧 기존의 과학계에 커다란 충격을 주었을 뿐만 아니라 이후의 현대 인문학에도 큰 영향을 주었다.

미시세계와 미립자

고전물리학은 눈에 보이는 세계를 연구대상으로 하였다. 하지만 양자물리학은 눈에 보이지 않는 미시세계를 다룬다. 그래서 그 정확도는 대단히 높다. 그 예로 양자물리학으로 계산한 이론적 예측 값과 실험에서 얻어 낸 실제의 결과 값을 비교할 때 그 오차는 0.00000000001 이하로 사실상 0에 가깝다고 할 수 있다. 그래서 아인슈타인과 함께 20세기 최고의 물리학자로 꼽히면서 노벨물리학상을 수상한 바 있는 미국의 천재 양자물리학자인 리처드 파인만(Richard Phillips Feynman: 1918~1988)은 양자 이론의 정확도에 대해서 북미대륙의 폭을 측정하는 데 머리카락 하나 정도의 오차밖에 생기지 않을 만큼이라고 비유를 했으니 그 정확도가 얼마나 놀라운가?

더욱 놀라운 것은 양자물리학이 설명하는 미립자(微粒子)의 신비한 특징이라고 할 수 있다. 미립자란 만물의 최소단위라고 할 수 있는데, 이에 대해 이해하기 위해서는 다음의 설명을 참고하자.

일단 우리 몸을 구성하는 최소 단위가 세포라는 점을 먼저 알고 시작하자. 그런데 지구 전체가 인체라고 가정한다면 몸의 최소단위인 세포는 돌멩이 하나 정도의 크기에 비유할 수 있다. 그런데 그 세포에는 우주에서 가장 단순한 물질인 수소원자가 또다시 바닷가의 모래알의 숫자만큼이나 많이 있다. 이제 그 수소원자 한 개의 크기를 야구장 크기에 해당한다고 가정해 보면 다음과 같은 비유로 이어질 수 있다. 즉, 텅 비어 있는 야구장에 놓여 있는 야구공 하나, 그것이 곧 미립자에 해당한다. 이렇게 볼 때 만물의 가장 기본이 되는 미립자를 우리의 머리로 상상하는 것이 얼마나 어려운가?

미시적 관점에서 봤을 때 세상 만물은 모두가 원소로 구성되어 있고 한 개의 원소는 수천 개의 원자로 구성되어 있으며 또 한 개의 원자 안에는 원자핵이 있고, 그 원자핵 안에는 양성자와 중성자 그리고 전자구름이 있다. 그리고 원자핵 밖에는 전자와 소립자(素粒子)가 있다.

이 소립자가 곧 미립자(微粒子)가 될 수 있는데, 이들은 서로 움직임을 갖고 운동을 한다. 그에 따라 자연스레 파동이 발생하고 파워나 에너지, 즉 동력이 발생하게 된다. 이러한 것을 동양에서는 기

(氣)라고 부른다. 이렇게 볼 때 기는 미신도 사이비도 아닌 첨단과학에 해당되는 것이라고 할 수 있다. 그런데 이 기를 만들어 내는 소립자나 미립자는 결국 우주 내에 존재하는 모든 것의 가장 기본 단위로 인정되고 있다.

‖ 미립자의 이중성과 심신상관성 ‖

이제 이 미립자들은 모여서 원자를 만들고, 이 원자가 분자를 만들고 분자들이 원소가 된다. 그리고 이 원소는 결국 인체 세포의 구

성 성분이 되는 것이다. 따라서 이와 같은 모든 과정에서의 가장 기본적인 단위는 바로 미립자다. 이 미립자는 물질로서의 입자도 되지만 에너지나 기로서의 파동도 된다. 그래서 미립자는 이중적인 특성을 갖고 있다고 할 수 있다. 이와 같은 현상을 잘 이해하기 위해서 양자물리학의 유명한 실험에 해당하는 이중슬릿실험(double slit experiment)에 대해서 소개해 보겠다.

실험의 과정은 이러하다. 즉, 어두운 방에 한 개의 스크린과 그 스크린 앞에 슬릿이라고 할 수 있는 틈이 하나 있는 널빤지 한 개를 준비한다. 그리고 널빤지 앞에서 빛 알갱이, 즉 광자라는 미립자를 하나씩 쏜다. 널빤지에는 틈이 하나 있기에 시간이 지나면서 스크린에는 하나의 선이 조금씩 보이게 된다. 그런데 이러한 당연한 현상이 널빤지에 틈을 두 개 만들고 똑같은 방식으로 미립자를 쏘는 경우에는 결과가 다르게 나타난다. 즉, 틈이 두 개이니 당연히 스크

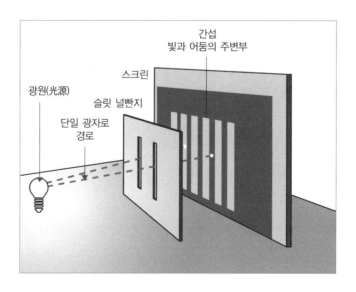

린에는 두 개의 선이 보일 것 같지만 실제로 스크린에는 얼룩말 무늬처럼 여러 개의 선이 나타난다.

여기서 빛이 사실상 두 개의 틈으로 통과를 했지만 여러 개의 선이 동시에 보인다는 것은 미립자가 마치 물이 물결을 치면서 흘러가듯이 파동과 같은 형태로 움직였다는 것을 말해 주는 것이다. 이러한 실험을 통해서 결과적으로 미립자는 분명히 입자로서 물질의 성질을 가지고 있으면서도 동시에 비물질적인 파동의 성질도 가지고 있다는 사실, 즉 미립자의 이중성을 알게 된다. 불교의 '일체유심조'나 '색즉시공 공즉시색'이란 말도 결국은 그러한 미립자의 이중성을 상징적으로 표현한 것과 무관하다고 할 수 없을 것이다.

미립자가 파동(에너지)으로 움직이다가 누군가가 관찰을 하면 입자(물질)처럼 활동한다는 이러한 실험의 결과는 과거의 전통적인 고전물리학에서는 상상도 못할 내용이다. 그럼에도 양자물리학에서의 이와 같은 미립자의 이중성에 의할 때, 미립자는 곧 모든 물질의 기초가 될 뿐만 아니라 하나의 파동이나 기로서 인간의 정신세계, 즉 생각이나 감정과 같은 내적인 심리작용의 기본적인 단위도 된다고 할 수 있다.

그렇다면 사람에게 있어서 물질에 해당하는 몸과 비물질적인 것이면서 기와 파동으로 인식되는 마음, 즉 정신세계는 상통하게 된다는 사실을 알 수 있다. 바로 이 점에서 곧 심신상관성이라는 개념이 나오게 되고 의학에서도 심신의학이라는 분야가 발달하게 되었다.

관찰자 효과

과학자들은 미립자가 통과하는 두 개의 틈 앞에 관측 장비를 설치하고 미립자가 어느 틈을 통과하는지 자세히 들여다봤다. 그러자 신기하게도 여러 개 무늬가 나타나던 스크린에 단 두 개의 선이 나타났다. 다시 말해서 미립자는 자기가 관찰되고 있다는 사실을 알고 더 이상 파동의 성질이 아닌 입자의 성질을 보였던 것이다. 자신의 정체를 알아보려고 하는 다른 존재, 즉 관찰자가 없을 때는 확률적으로 여러 곳에 동시에 존재하다가 관찰자가 바라보는 순간 미립자는 그 의도를 알아채고 더 이상 여러 곳에 확률적으로 존재하지 않고 하나의 지점에 100%의 입자로 존재하는 것이다. 양자물리학에서는 이러한 현상을 관찰자 효과(observer effect)라 부른다.

MBC의 김상운 기자는 최근에 『왓칭』이라는 책을 출간하여 세간의 주목을 받은 바 있다. 그는 언론사의 기자로서 특이하게도 양자물리학의 미립자나 관찰자 효과에 관심을 갖고 연구를 하였다. 그는 가족들의 잇따른 사망으로 마음의 병에 걸린 자신을 치유하는 과정에서 해외 심리치료 관련 서적들을 탐독했고 제3자의 눈으로 자신을 바라보는 관찰자의 효과에 주목하게 되었다. 그리고 그 왓칭의 효과를 체득한 후에 그것이 무엇인지 쉽게 풀어내는 책을 저술하였다.

그는 왓칭의 기술을 노벨상 수상자들의 실험을 통해 우주의 원리로써 구체적으로 증명했다. 그 과정에서 그는 '얼마나 창조적인 관찰자의 눈으로 자신을 바라보고 있는가?'라고 질문한 뒤 '내면의 시선이 바뀌는 순간 내 삶의 요술은 시작된다.'고 말했다. 이는 곧 왓칭이 모든 것을 바꿔 놓는다는 것을 의미한다는 것으로서 그는 그러한 왓칭을 '신이 부리는 요술'이라고 표현했다. 그리고 그는 우주의 무한한 가능성은 왓칭을 통해 눈앞의 현실이 창조된다고 믿고 있다.

그는 한 걸음 더 나아가, 우울증이나 술, 담배 등 인생의 다른 모든 고민들도 살짝 바꿔 바라보기만 봐도 거짓말처럼 쉽게 해결된다고 하였다. 또한 만물이 사람의 생각을 읽고 변화하는 미립자로 구성돼 있기 때문에 이 원리만 알면 인생이 바뀐다고도 주장하였다. 이는 양자물리학의 관찰자 효과로 사람이 바라보는 대로 만물이 변화한다는 뜻이다.

그가 밝힌 왓칭의 핵심원리는 곧 자기를 객관화하면서 바라볼 때 변화가 생긴다는 것이다. 그래서 그는 스트레스의 경우도 그 존재를 인정하고 따뜻한 눈으로 어린아이를 달래듯 조용히 주시하기만 하면 사라지게 된다고 하였다. 이로써 그는 자기 자신의 경험이나 내적 상태를 제3자의 입장에서 객관적으로 바라보는 것이 얼마나 중요한지에 대해서 잘 가르쳐 주고 있다.

‖‖메타인지와 자기객관화‖‖

교육학과 심리학에서는 메타인지(metacognition) 또는 상위인지

란 개념이 있다. 이것은 '메타(meta)'와 '인지(認知)'를 합친 용어
다. 원래 메타란 영어의 of, about, over와 같은 뜻을 갖는 단어로서
한 단계 고차원이나 어떤 것에 대해 객관적인 위치나 입장에 서는
것을 말하며, 인지란 무엇에 대해서 알거나 기억하는 것, 지식과
같은 것을 의미한다.

그러므로 여기서의 메타인지란 인지에 대한 인지, 인지 활동에
대한 인지를 뜻한다고 할 수 있다. 하지만 실제로 학문적으로 사용
되는 의미로 좀 더 구체적으로 설명하면 자신의 인지 능력에 대해
알고 이를 조절할 수 있는 능력을 말한다. 다시 말하면, 자신이 무
엇을 아는지를 알면서 그 알고 있는 것에 바탕하여 자신의 인지과
정을 조절할 수 있는 능력을 인지 능력이라고 할 수 있다.

메타인지는 사실상 자기를 객관화하는 왓칭하는 힘을 키우는 것
이라고 할 수도 있다. 왜냐하면 이러한 메타인지가 학습 상황에서
실제로 적용될 때는 자신이 알고 있는 것이 무엇인지 아는 것을 통
하여 자신의 사고체계를 관리하고 목적을 이루게 하는 자기성찰
능력을 말하기도 하기 때문이다. 즉, 무턱대고 공부를 하는 것이 아
니라 자기 자신의 특성과 처해진 상황을 객관적으로 분석하고 평
가함으로써 목표 설정과 계획수립, 실질적인 학습행동 전반을 학
생 스스로가 되돌아보고 문제점을 파악해 더 나은 학습활동을 하
는 능력으로 나타난다. 이러한 메타인지 능력은 곧 자기주도학습
능력과 관련되기에 오늘의 학습의 성과를 위해서는 꼭 필요한 능
력으로 인식되고 있다.

Part 4

Q & A

여기에서는 찜찜기법에 대하여 가질 수 있는 대표적인 의문사항 20개를 소개하고 그에 대한 답을 하였다. 찜찜기법 자체가 너무 생소한 것이기 때문에 사람들은 많은 질문을 할 수 있다. 물론 본문에서 찜찜기법의 원리와 방법들에 대하여 상세하게 설명하였다. 하지만 찜찜기법을 사용하면서 추가적으로 의문을 가질 수도 있기에 독자들이 가장 궁금해할 수 있는 기본적인 내용을 중심으로 질문과 대답을 소개하였다.

Q & A

1. 쬠쬠기법은 누구나 사용할 수 있나요?

그렇습니다. 이것은 유치원생 어린이부터 할머니, 할아버지에 이르기까지 누구나 사용할 수 있습니다. 그만큼 짧은 시간 안에 효과를 볼 수 있는, 간단하고 쉬운 방법입니다.

2. 모르는 사람들이 보는 곳이나 공공장소에서 쬠쬠기법을 사용하는 것이 이상하게 보이고 불편할 수 있지 않을까요?

원칙적으로는 실제로 쬠쬠 동작을 하고 또 소리를 내면서 말하는 것이 좋습니다. 하지만 상황이나 여건이 그렇게 하기가 곤란하거나 불편할 때가 있어요. 특히 낯선 사람들과 함께 있는 상황이나 공공장소에서는 그렇습니다. 그런 때는 '최선 아니면 차선'을 따른다는 원칙에 따라 주변 환경에 맞게 생략할 것은 생략해도 괜찮고 적당히 변형을 하는 것이 안 하는 것보다는 나을 수 있습니다.

그렇기 때문에 남들이 있는 곳에서는 굳이 우스꽝스럽고 이상하게 보이는 쬠쬠 동작을 할 필요가 없습니다. 경우에 따라서 소리를 내면서 말로 표현하는 것도 불편할 수 있습니다. 그럴 때는 주변 시야 상태만 유지한 채로 자신의 불편사항을 생각하면서 속으로 말한다는 기분으로 중얼거리는 것이 좋습니다. 중얼거리는 것도 불편한 상황이라면 그냥 생각만 하는 것도 무방합니다.

이 기법은 스스로 편해지고자 하는 기법인데 오히려 힐링을 하겠다고 하면서 남의 눈 때문에 불편하거나 스트레스를 받는 상황이라면 차라리 하지 않는 것이 더 나을 수 있습니다. 그러나 꼭 필요한 경우라면 오히려 주변을 살펴보고 아무도 없는 곳, 남의 눈에 띄지 않는 곳을 찾거나 화장실과 같은 사적이고 독립적인 공간에 가서 잠시 변기에 앉아 쬠쬠기법을 시행하는 것도 한 방법이 될 것입니다.

3. 쬠쬠기법의 효과에는 개인차가 있나요?

사람마다 서로 다른 특성이 있고 어떤 능력이나 특성에도 개인차가 있듯이 쬠쬠기법을 활용할 때도 개인차가 있습니다. 그러므로 모든 사람들이 동일한 시간 내에 동일한 효과를 보는 것은 아닙니다.

4. 어떤 사람들에게 쬠쬠기법의 효과가 더 큰가요?

일반적으로 예민하거나 민감한 사람이 더 큰 효과를 봅니다. 그리고 이왕이면 이 기법에 대한 신뢰나 믿음을 갖고 시행하는 사람이 더욱 효과를 보기 쉽고요. 특히 예민한 사람들은 심리적으로나 신체적으로나 작은 변화도 쉽게 감지합니다. 그리고 작은 내면적인 변화도 쉽게 알아차리는 경향이 있고요. 그렇기 때문에 쬠쬠기법을 적용했을 때 덜 예민한 사람들이 느끼지 못하는 치유의 작은 효과도 느끼거나 경험하면서 믿음을 갖게 됩니다.

모든 힐링에서는 믿음과 신뢰가 중요합니다. 그래서 과학적으로는 가짜 약도 진짜 약이라고 믿을 때 효과를 볼 수 있다고 하는 위약 효과, 즉 플라시보 효과라는 것이 인정되는 것이고요. 따라서 쬠쬠기법에 대해서 신뢰하고 힐링을 기대하면서 임한다면 보다 좋은 효과를 볼 수 있을 것입니다.

그럼에도 이 기법을 위해 반드시 믿음이나 신뢰가 있어야 한다는 것은 아닙니다. 다시 말해서, 전혀 믿음 없이 시행을 하던 많은 사람들도 실제로 시험 삼아 해 보는 과정에서 뜻밖의 신비한 효과를 보고 놀라는 경우도 얼마든지 많습니다. 믿음과 상관없이 이 기법 자체가 효과를 내는 속성이 분명히 있기 때문에 반드시 믿으라고 말할 필요는 없겠지만, 이왕이면 믿고 신뢰하는 것이 훨씬 심리적으로 편안하게 기법에 임할 수 있고 그래서 효과도 좋을 수 있다고 생각합니다.

5. 쬠쬠기법의 이론적 근거는 무엇인가요?

쬠쬠기법은 여러 가지 이론과 기법들에 근거하여 개발되었습니다. 이 기법의 핵심은 다음과 같은 몇 가지 원리에 기초하고 있는데, 그중의 첫 번째는 주변 시야법의 힐링 효과에 대한 것입니다. 주변 시야법은 원래 하와이 원주민이 명상을 할 때 즐겨 사용하던 하칼라우(Hakalau)의 원리를 활용한 것입니다.

하칼라우란 하와이의 빅아일랜드 섬에 있는 어느 바닷가의 지역

명이기도 하지만 그와는 상관없이 그냥 바닷가에서 수평선을 바라볼 때 경험할 수 있는 멍한 상태를 만들어 내는 심신의 상태라고 할 수 있습니다. 그것은 트랜스(trance)라고 하는 일종의 명상 상태, 최면 상태 또는 명상/최면 입문 상태라고도 할 수 있습니다. 이 상태에서는 현실적인 자아를 망각하거나 현실감각에서 어느 정도 벗어나는 현상을 경험할 수 있습니다. 그래서 바닷가에서 수평선을 바라보고 있노라면 스트레스나 현실적인 고통의 문제가 있어도 잠시 동안 그것에 대해서 잊어버리거나 무감각해질 수 있게 됩니다.

쬠쬠기법에서 두 번째로 언급할 이론적 근거는 쬠쬠기법의 원리입니다. 이것은 어린아이처럼 쬠쬠 하는 동작을 하는 것이지만 실제적으로 두 손의 주먹을 쥐었다 폈다 하면서 좌우의 뇌를 자극하는 결과로 이어지게 하는 것입니다. 따라서 이 동작을 통하여 좌우 뇌의 균형이 도모될 수 있고 또 그로 인해 심리적 안정감이 회복되는 장점이 있습니다.

이론적 차원에서 세 번째로 소개할 것은 EFT(emotional freedom techniques)와 EMDR(eye movement desensitization & reprocessing)과 같은 안구운동을 활용하는 치유법입니다. 이들은 모두 미국에서 개발된 치유기법으로 오늘날 세계적으로 잘 알려져 있는데, 특히 EMDR은 의학계에서도 인정됨으로써 국내외의 병원에서도 많이 활용되고 있습니다. 그런데 EFT에서는 안구운동이 주된 역할을 하는 것은 아닙니다. 하지만 EMDR은 안구운동 자체가 중심이 됩니다.

그 외에도 심신상관성의 원리, 양자물리학적 원리와 같은 학문적인 논리가 쬠쬠기법의 이론적 근거가 되고 있습니다. 그러므로 쬠쬠기법은 학문적인 바탕 위에서 개발되고 활용되어 오면서 보편성도 가진 효과적인 힐링기법이라고 할 수 있습니다.

6. 쬠쬠기법을 시행하는 데는 어느 정도의 시간이 소요되나요?

어떤 문제 상황에서 쬠쬠기법을 단 1회 시행하는 데 소요되는 시간은 경우에 따라서 10초 미만이지만 일반적으로는 10~20초 정도가 필요합니다. 하지만 효과의 정도에 따라서 몇 회 더 반복할 수 있으며 문제의 종류나 정도, 그리고 개인차도 있기 때문에 일률적으로 평가하기는 어렵지만, 일반적으로 하나의 불편사항이 해결되거나 힐링되는 데는 대략 1분에서 5분 정도의 시간이 소요된다고 할 수 있습니다.

물론 더 많은 시간이 소요되는 경우도 있습니다. 왜냐하면 불편사항 자체가 단순한 것이 아니고 복잡한 것일 때는 그 문제를 중심으로 여러 가지 차원에서 힐링을 할 필요가 있기 때문입니다. 그리고 심층적인 원인이 있을 경우에는 그런 점도 함께 다루어 줄 때 효과가 있기 때문에 시간이 더 걸릴 수도 있습니다.

7. 쬠쬠기법을 사용할 때는 몇 회 정도를 시행해야 하나요?

반드시 몇 번 정도를 해야 한다는 법칙은 없습니다. 왜냐하면 개인차의 문제도 있지만 각 개인이 갖고 있는 문제의 종류와 정도가 다르기 때문입니다. 그렇기 때문에 쬠쬠기법을 사용하는 가운데 도움되는 정도만큼 사용할 수 있어서 많이 할 수도 있고 한두 번으로 끝낼 수도 있습니다. 실제로 한두 번만 시행했는데도 효과를 본 사람도 많으며 그들은 그것으로 끝을 내기도 합니다. 여기서 중요한 것은 몇 번을 하느냐의 문제가 아니라 과연 효과를 얼마나 보느냐의 문제이기 때문에 몇 회 시행하는가에 대해서는 너무 구속받지 말기 바랍니다.

8. 쬠쬠기법을 소개하는 말이나 책의 내용을 보면 마치 이 기법이 만병통치약처럼 느껴지는데, 과연 그렇습니까?

전혀 아닙니다. 세상에 만병통치약은 없습니다. 다만 효과가 더 있느냐 없느냐의 정도와 수준 차이가 있을 뿐입니다. 쬠쬠기법은 결코 만병통치약이 아니며 또 그렇다고 주장해서도 안 됩니다. 다만 일상에서 사용할 수 있는 응급약이나 응급장비처럼 언제 어디서나 간편하게 사용할 수 있는 즉석 힐링기법이라는 것을 강조하다 보니 마치 만병통치약처럼 비춰질 뿐입니다. 그런 점에서 오해가 없기를 바랍니다.

물론 이 기법의 효과가 좋다고 하더라도 이것으로 해결되지 않는 문제도 많습니다. 그런 점들에 대해서는 관련 전문의나 전문가와 상의를 하고 도움을 받도록 해야 합니다. 심각한 문제 앞에서는 결코 이 기법에만 의존해서 안 된다는 점을 분명히 하고자 합니다.

9. 쬠쬠기법으로 통증이 없어진다고 하는데, 그렇다면 통증에 해당하는 증상이 완전히 치료된다는 뜻인가요?

많은 경우에 신체적 통증은 심리적 원인에 의해서 유발됩니다.

다시 말해서, 심신상관성의 원리에 따라 심리적 갈등이나 스트레스 때문에 몸에서 통증이 생길 수 있습니다. 이런 경우에는 통증 때문에 병원을 방문하고 진단을 받아 봐도 뚜렷한 신체적인 원인을 밝힐 수 없거나 치료도 제대로 되지 않습니다. 그래서 대부분은 신경성이니 스트레스성이라는 말로 마음을 편안하게 가지라는 충고를 듣게 됩니다.

이와 같은 경우에는 통증 자체가 심리적인 원인에 의해서 생기는 것이기 때문에 쫌쫌기법과 같은 방법으로 호전되기가 쉽습니다. 복잡한 갈등과 스트레스 문제 때문에 머리가 아프거나 허리가 아픈 경우가 많이 있습니다. 이 경우에 쫌쫌기법을 사용하면 쉽게 그러한 스트레스가 해소되므로 통증도 가라앉기가 쉽습니다.

그러나 통증이 없어진다고 해서 통증을 일으키는 신체의 구조적인 문제나 염증 자체가 치료된다는 뜻은 결코 아닙니다. 많은 경우, 통증이 없어진 것과 통증의 원인이 되는 신체적인 질병 자체가 치료되었다는 것은 반드시 일치하지 않을 수도 있음을 알고 반드시 전문의의 진단과 치료를 받을 필요가 있습니다.

여기서 기억해야 할 사항은 쫌쫌기법은 만능이 아니라는 것입니다. 그러므로 쫌쫌기법을 사용했더라도 효과를 보지 못할 수도 있습니다. 그 이유는 여러 가지가 있겠지만 일단은 보다 심층적으로 근본적인 문제가 있기 때문이라고 할 수 있습니다. 그렇기 때문에 쫌쫌기법으로 효과를 보지 못하는 경우에는 전문가를 찾아서 상담을 하거나 진단을 받아보기를 권하는 바입니다.

10. 죔죔기법의 장점은 무엇인가요?

죔죔기법의 가장 큰 장점은 일상생활을 하다 보면 누구나 경험할 수 있는 심신의 불편한 스트레스 상태를 짧은 시간에 간편하게 해소할 수 있다는 것입니다. 다시 말해서, 우리는 죔죔기법을 통해서 스트레스뿐만 아니라 스트레스로 인한 심신의 불편함, 불안이나 두려움과 같은 부정적 감정 등을 해소하는 데 도움을 얻을 수 있습니다.

누구나 가정에 한두 가지의 상비약을 구비하고 있어서 필요할 때 손쉽게 응급처치를 하듯이 죔죔기법도 일상생활 가운데 심리적 응급처치를 위해서 필요합니다. 따라서 죔죔기법은 무엇보다도 누구나 쉽게 배우고 익힐 수 있기 때문에 편리하다는 장점을 갖고 있다고 하겠습니다.

11. 자신의 문제를 꼭 말로 표현해야 하는 이유가 무엇인가요?

자신의 문제를 소리 내어 말로써 표현하는 핵심적인 이유는 말로 표현함으로써 심리적으로 해소되는 효과를 얻을 수 있기 때문입니다. 우리가 혼자서 해결하기 어려운 문제를 갖거나 힘든 스트레스를 경험할 때 그것에 대해서 혼자서만 생각하는 것보다는 누군가에게 털어놓고 얘기를 나누면 가슴이 후련하고 답답한 마음이 해소되는 기분을 경험하게 되는 경향이 있습니다. 여기서 말로 표현하는 것의 효과를 짐작할 수 있습니다. 물론 단순히 말로 표현하는 것이 친구들과 얘기 나누는 것과 같을 수는 없다고 할 수 있겠지만 자신의 고통이나 불편함을 말로 표현함으로써 일차적으로 심리적 해소 효과가 생기는 것이 사실입니다.

그러나 주변 여건상 꼭 말로 표현하기가 어려울 때도 있습니다. 그런 경우에는 차선책으로 소리 내어 말로 표현하지 않고 속으로 독백하듯이 중얼거리거나 단순히 생각을 하는 것으로 진행해도 좋습니다. 그럼에도 불구하고 가능하다면 소리 내어 말로 표현하는 것이 더 낫습니다.

뿐만 아니라 불편함이나 고통을 말로 표현하게 되면 그 문제에 대해서 객관화하게 되고 심리적으로 분리되는 효과를 경험하게 됩니다. 심리적 분리 효과는 그 문제가 더 이상 자신의 문제가 아닌 남의 문제처럼 느껴지게 되는 것을 말합니다. 그래서 자신의 문제로 인식하면서 경험되는 심리적 압박감이나 무게감이 분리 효과로 인해서 가벼워지고 멀어지는 경험을 하게 됩니다. 그래서 말로 소리 내어 표현하는 것은 꼭 필요합니다.

12. 스트레스 해소를 위하여 왜 쬠쬠 동작이 필요한가요?

쬠쬠 동작이 필요한 이유를 기본적으로 두 가지로 들어 설명할 수 있습니다.

첫 번째는 쬠쬠 동작을 통하여 두 손을 자극한다는 데 의미가 있다는 것입니다. 이것은 곧 신체감각적 자극 효과라고 할 수 있습니다. 손을 자극하면 동시에 뇌를 자극하는 효과가 생깁니다. 왼쪽 손은 우뇌와 관련되고 오른쪽 손은 좌뇌와 관련됩니다. 그러므로 왼쪽과 오른쪽 손을 자극함으로써 우뇌와 좌뇌를 자극하는 꼴이 된다고 할 수 있습니다.

그렇기에 쫌쫌 동작은 결과적으로 좌우 뇌를 동시에 자극하는 결과로 이어지는데, 그렇게 함으로써 좌우 뇌의 균형이 도모됩니다. 좌우 뇌의 균형은 또한 심리적 안정감과 치유적 효과로 연결될 수 있습니다. 그래서 쫌쫌 동작의 효용성은 크다고 할 수 있습니다.

쫌쫌 동작이 필요한 두 번째 이유로는 쫌쫌 동작 자체가 두 눈동자의 시선의 범위를 좌우로 확장하거나 주변 시야를 조성하는 데 도움이 된다는 점입니다. 다시 말해서, 주변 시야를 위해서는 시선의 범위를 좌우로 확장할 수 있어야 하는데, 그때 필요한 것이 좌우의 시각적 자극입니다. 만약 쫌쫌 동작과 같은 좌우의 시각적 자극이 없다면 앞을 바라보는 눈동자를 통해 주변 시야를 조성하는 일이 어려울 수 있을 것입니다. 물론 주변에 다른 시각적 자극이 있으면 별로 상관이 없을 것이지만 그런 것이 없다고 하더라도 항상 완벽하게 180도로 펼쳐지는 주변 시야를 확보하고 조성하기 위해서는 눈 좌우에서 이루어지는 쫌쫌 동작이 가장 적절한 시각적 자극을 제공한다고 할 수 있을 것입니다.

13. 주변 시야란 무엇인가요?

주변 시야란 중앙 시야 또는 터널 비전의 반대 개념입니다. 주변 시야(peripheral vision)를 잘 이해하려면 먼저 중앙 시야(foveal vision/ central vision)라고 하는 터널 비전(tunnel vision)에 대해서 알아야 합니다. 우리는 스트레스를 경험하거나 문제 상태에 빠지게 될 때 자기도 모르게 그 문제 자체나 문제와 관련된 것에만 마음이나 신경이 집중됩니다. 그래서 다른 것에 대해서는 잘 생각하지 못하게 되면서 중앙 시야 상태가 됩니다. 시험 때문에 불안을 경험하는 학생은 오직 시험 생각에만 마음이 쓰이게 되면서 다른 일이나 심지어 친구들과 노는 일에도 마음이 집중되기 어렵습니다. 오직 한 가지밖에 생각하지 못한다는 의미에서 그것을 터널 비전이라고도 합니다.

그럴 때 우리는 넓게 보고 폭넓게 생각하라는 말을 듣습니다. 그것이 곧 주변 시야라고 할 수 있습니다. 터널에서처럼 앞만 보는 것이 아니라 주변의 경치나 상황도 살피면서 객관적이고 균형 잡힌 시각으로 사물이나 사태를 바라볼 때 훨씬 마음의 여유도 갖게 되고 자신의 문제도 객관적으로 평가할 수 있게 되면서 문제에 대한 답을 찾기도 쉬워집니다. 우리의 무의식적 심리 현상도 주변 시야 상태가 되면 훨씬 편안해지면서 문제에서 쉽게 벗어날 수 있습니다. 그것은 마치 바닷가에서 수평선을 바라볼 때와 같고, 산에서 천하를 내려다볼 때 경험하는 것과도 비슷합니다.

특히 산과 바다에서는 시야가 좌우로 트여 있기 때문에 시선의 초점을 둘 데가 별로 없습니다. 터널에서는 앞의 출구나 빛 방향만 바라보고 그쪽으로만 나아가는 터널 비전이나 중앙 시야가 될 수밖에 없습니다. 하지만 산과 바다에서는 앞쪽 방향뿐만 아니라 좌우로 트여 있는 주변의 모든 상황이 시야에 들어오게 됩니다. 그래서 그것을 주변 시야라고 하는 것입니다. 이런 주변 시야 상태에서는 심리적 이완과 함께 스트레스에서 벗어나는 해소 효과도 생기고 치유 효과도 발생하는 것입니다.

14. 쬠쬠기법을 사용하다 보면 멍해지거나 나른해질 수 있다고 하는데, 그것은 무슨 뜻인가요?

쬠쬠기법은 기본적으로 트랜스를 조장합니다. 트랜스란 무엇에 몰입하거나 집중할 때의 상태, 심신이 이완된 상태를 말합니다. 그리고 명상 또는 최면 상태와 비슷하게 의식의 작용, 특히 비판적·평가적 기능이 약해지면서 잠재의식과 접속될 수 있는 독특한 상태를 말합니다. 보편적으로 트랜스에서는 심신의 이완이 이루어지면서 편안해지는 느낌과 함께 졸음이 오는 상태도 조성됩니다. 그래서 멍해지거나 나른한 느낌이 수반되기 마련입니다. 물론 개인차가 있기 때문에 전혀 그렇지 않은 사람도 있지만 보편적으로 멍한 느낌이나 나른한 기분이 들곤 합니다. 이런 느낌은 잘못되거나 이상한 것이 아니니 자연스럽게 받아들이면 됩니다.

15. 한 번의 쬠쬠기법 효과는 얼마나 지속되나요?

모든 심리치료의 효과와 마찬가지로 쬠쬠기법의 효과 또한 지속되는 경우도 있지만 반드시 지속적이지 않을 수도 있습니다. 개인이나 상태에 따라서 차이가 있을 수 있다는 말입니다. 당연히 한두 번의 시행으로 영속적인 변화나 효과를 발휘할 수도 있지만 단지 일시적인 효과로 끝이 날 수도 있습니다. 하지만 그런 상태에 대해서 걱정하거나 경계할 필요는 없습니다. 일시적이라도 효과가 있다면 그것 자체가 중요한 것입니다. 그래서 설사 그 효과가 시간의 경과와 함께 감소되거나 사라지더라도 쬠쬠기법을 다시 시행하면 되는 것입니다. 1회 시행에 많은 시간이 걸리거나 불편한 것이 아

니기 때문에 짧은 시간 내에 쫌쫌기법을 다시 시행함으로써 효과
를 다시 살리면 되는 것입니다.

16. 쫌쫌기법을 사용하다 보면 잠재의식이 자극되거나 활성화될 수 있다고 하는데 그것은 무슨 뜻인가요?

쫌쫌기법은 좌우 뇌를 자극하고 좌우 뇌의 균형을 도모하는 효
과를 발휘합니다. 일상적으로 우리는 좌뇌 중심의 삶을 많이 살고
그로 인해 스트레스를 경험하기 마련입니다. 하지만 오히려 쫌쫌
기법은 평소에 자극하지 않는 우뇌를 자극함으로써 좌우 뇌의 균
형을 도모하게 됩니다. 그 결과 평소보다 우뇌의 활동이 증진되면
서 우뇌적 기능과 관련되는 잠재의식적 활동이 활성화되는 것입
니다.

우뇌의 활동이 활발해지는 가운데 뜻밖에 잠재된 과거의 기억이
노출될 가능성도 생깁니다. 그래서 오랫동안 잊고 있었던 어린 시
절의 기억이나 심지어는 트라우마와 관련한 기억도 재생될 수 있
습니다. 또한 감정적 억압도 해제되면서 묵은 감정이 올라올 가능
성도 생기게 됩니다. 물론 이런 경우는 흔하지 않고 드문 것은 사실
입니다. 그래서 걱정할 필요는 없습니다.

그러나 만약 그러한 경우가 생긴다면 바로 그 기억 내용을 중심으
로 쫌쫌기법을 사용하면 되는 것입니다. 물론 그렇게 할 때 부정적
인 기억 내용이나 감정 상태라고 하더라도 그것들은 해소될 수 있을
것입니다. 그런데도 만약 혼자서 대처하기 어렵다면 당연히 전문가
를 찾아서 상의를 하거나 상담/치료를 받는 것이 좋겠습니다.

17. 쬠쬠기법에 부작용은 없나요? 또는 위험하지는 않나요?

당연히 부작용은 없습니다. 왜냐하면 쬠쬠기법은 스스로 자기에게 시행하는 간편 기법일 뿐만 아니라 다른 도구를 사용하는 것이 아니기 때문입니다. 그리고 스스로를 이완하고 억압되거나 고통받는 상황에서 벗어나도록 도와주는 기법이므로 부작용이나 위험 요소가 없습니다.

18. 쬠쬠기법을 유튜브 동영상으로 볼 수 있습니까?

유튜브 동영상을 통해서 직접 강의를 듣거나 시범을 볼 수 있습니다. 검색어 '쬠쬠기법'이나 '설기문 박사, 30초 마인드컨트롤'을 조회해 보십시오.

19. 쬠쬠기법을 시행함에 있어서 연령제한이나 자격제한이 있나요?

쬠쬠기법을 사용함에 있어서 연령제한도 자격제한도 없습니다. 왜냐하면 이 기법은 적어도 유치원생 이상 한글을 해독할 수 있는 연령이라면 누구나 짧은 시간에 간단하고 단순하며 쉽게 사용할 수 있는 것이기 때문입니다. 오히려 한글 해독 능력과 상관없이 말을 알아듣고 의사소통할 수 있는 연령이라면 누구나 가능할 것입니다.

20. 다른 상담이나 치료 상황에서 쬠쬠기법을 사용할 수도 있나요?

물론 쬠쬠기법은 일상생활을 하는 가운데 간단히 사용할 수 있도록 하기 위해 개발된 것입니다. 하지만 전문가가 전문적인 상담이나 심리치료를 할 때, 심지어는 의료적인 치료를 할 때 기존에 사용하는 다른 기법들과 병행하여 쬠쬠기법을 사용할 수도 있습니다. 그 경우에 이 기법이 당연히 내담자나 환자의 심신 이완을 돕고 마음을 편안하게 하도록 도우면서 치료 효과를 배가할 수 있기에 오히려 바람직하다고 볼 수 있습니다.

저자 소개

설기문 박사 약력

경북대학교 교육학과 졸업

계명대학교 대학원 석사(상담심리 전공)

미국 Alliant International University 박사(상담심리 전공)

동아대학교 교육학과 교수 역임

동방대학원대학교 자연치유학과 교수 역임

캐나다 University of Victoria 교육학과 객원교수 역임

국제공인 NLP 트레이너/NLP 코칭 트레이너

국제공인 최면치료 트레이너

상담심리 전문가

현재 설기문마음연구소 원장

〈주요 저 · 역서〉

『인간관계와 정신건강』, 『NLP 파워』, 『NLP 입문』(역), 『NLP의 원리』(역), 『최면과 최면치료』, 『에릭슨최면과 심리치료』, 『최면상담』(역), 『너에게 성공을 보낸다』, 『걱정하지 마, 잘 될 거야』, 『그래도 가족입니다』, 『난 EFT로 두드렸을 뿐이고』 외 다수

〈TV 출연〉

KBS '마음스페셜', KBS 'VJ특공대', MBC '무한도전', SBS '스타킹', 채널A '생방송 설기문최면쇼 Yes, I Can', 채널A '이영돈PD 논리로 풀다-최면편, 전생편, 빙의편', 채널A '나는 몸신이다', 채널A '잘살아보세', JTBC '신의 한수', JTBC '힘있는 이야기 쇼', MBN '황금알', MBN '엄지의 제왕', TV조선 '부부수업, 파뿌리', TV조선 '남남북녀' 외 다수

【 국제공인 NLP 교육 】

NLP 프랙티셔너 과정
NLP 마스터프랙티셔너 과정
NLP 코칭 과정
NLP 상담사 과정

【 국제공인 최면 교육 】

최면상담사 과정
최면치료사 과정
에릭슨최면 과정
무대최면 과정
최면강사 과정

【 기타 교육 과정 】

시간선치료 과정
머니코칭 과정
기타 마음 관련 특강

【 설기문마음연구소 소개 】

설기문마음연구소는 마음/심리 분야의 최고를 지향합니다. 설기문 박사
의 오랜 교육 및 임상경험을 바탕으로 최고 수준의 마음 관련 교육을 실
시함과 더불어 양질의 상담 및 심리 서비스를 제공하기 위하여 노력하고
있습니다.

서울특별시 서초구 강남대로 82 (양재동) 삼덕빌딩 4층

☎ 02-757-8008 www.nlp21.com

쬠쬠기법
Jam Jam Technigues

2016년 4월 20일 1판 1쇄 인쇄
2016년 4월 25일 1판 1쇄 발행

지은이 • 설기문
펴낸이 • 김진환
펴낸곳 • (주) **학지사**

   04031 서울특별시 마포구 양화로 15길 20 마인드월드빌딩
대표전화 • 02-330-5114 팩스 • 02-324-2345
등록번호 • 제313-2006-000265호

홈페이지 • http://www.hakjisa.co.kr
페이스북 • https://www.facebook.com/hakjisa

ISBN 978-89-997-0949-4 03180
정가 13,000원

이 도서의 국립중앙도서관 출판시도서목록(CIP)은 서지정보유통지원
시스템 홈페이지(http://seoji.nl.go.kr)와 국가자료공동목록시스템
(http://www.nl.go.kr/kolisnet)에서 이용하실 수 있습니다.
(CIP 제어번호: CIP2016009205)

교육문화출판미디어그룹 **학지사**

심리검사연구소 **인싸이트** www.inpsyt.co.kr
원격교육연수원 **카운피아** www.counpia.com
학술논문서비스 **뉴논문** www.newnonmun.com